一本书读懂企业破产法

庞 伟 著

中国商业出版社

图书在版编目（CIP）数据

一本书读懂企业破产法 / 庞伟著. -- 北京：中国商业出版社，2023.10
ISBN 978-7-5208-2654-9

Ⅰ.①一… Ⅱ.①庞… Ⅲ.①破产法-基本知识-中国 Ⅳ.①D922.291.924

中国国家版本馆CIP数据核字(2023)第187886号

责任编辑：杜 辉

（策划编辑：佟 彤）

中国商业出版社出版发行
（www.zgsycb.com 100053 北京广安门内报国寺1号）
总编室：010-63180647 编辑室：010-83118925
发行部：010-83120835/8286
新华书店经销
香河县宏润印刷有限公司印刷
*
710毫米×1000毫米 16开 15印张 190千字
2023年10月第1版 2023年10月第1次印刷
定价：68.00元
****
（如有印装质量问题可更换）

自 序

值北京市亿达律师事务所成功入选第一届北京市破产管理人协会并成为会员单位之际，很荣幸接受所里指派来完成这本让有志于进入企业破产法律专业的同人初步了解《中华人民共和国企业破产法》。

《中华人民共和国企业破产法》是一部解决企业无法偿还债务，并进行有效清算或重整的法律，其目的是保护企业的利益并寻求清算或重组解决方案，以最大限度地保障债权人的权益，并给予企业重新开始的机会，通过一系列程序和规定来化解企业面临的债务问题。

企业破产法律制度是推动市场竞争、促进优胜劣汰的重要途径，破产法律制度是社会主义市场经济法律体系的一项基础性法律制度。2006年8月27日，第十届全国人民代表大会常务委员会第二十三次会议通过《中华人民共和国企业破产法》，确立了我国破产法律制度的市场化、法治化导向。党的十八届三中全会指出，要"使市场在资源配置中起决定性作用"，"健全优胜劣汰市场化退出机制，完善企业破产制度"；党的十八届五中全会提出要"更加注重运用市场机制、经济手段、法治办法化解产能过剩，加大政策引导力度，完善企业退出机制"[1]。

《中华人民共和国企业破产法》被喻为市场经济的"宪法"，对于各类企业有非常重要的积极意义。提到"破产"，很多人都觉得这是对企业

---

[1] 张宏伟，楼东平.形而上与形而下：企业破产法的理论探索与实践创新[M].北京：人民法院出版社，2018.

"宣判死刑"。事实上,《中华人民共和国企业破产法》是一种具有积极意义法律制度,是市场主体依法退出,是债权人权益得到保障,更是为企业带来新生的救助之道。《中华人民共和国企业破产法》自实施以来,已经有近百家上市企业和几千家普通企业,通过破产重整制度获得新生。

企业如同人一样,会经历生、老、病、死类似的生命周期。人在生病的时候,需要通过医护人员的治疗恢复健康。企业陷入经营危机或财务困境的时候,企业破产法就相当于救助企业脱困的"医护人员"。

不少人认为企业走到破产这一步等于死路一条,这其实是对破产的误解。我国企业破产法规定了重整、和解、清算三大基本制度。清算制度是对没有挽救价值的企业实施依法退出的制度。但企业破产法不仅是要企业退出,还有重整、和解两大帮助有价值企业摆脱困境的拯救机制。企业有了问题并非只有清算退市一条路,很多企业都可以通过破产程序获得保护,重振旗鼓。

《中华人民共和国企业破产法》是针对不同企业进行辨证施治的法律制度,不同的企业陷入困境的状态不同,采用的破产程序也不同。

首先,对于没有挽救价值的企业,《中华人民共和国企业破产法》会通过破产清算程序让其依法退出市场。没有价值的企业如果不正常退出市场,就会挤占有限的社会资源,给经济发展带来阻碍。对于这类企业要积极通过清算程序让其退出市场,以激活市场经济活力。

其次,对于陷入困境无法自救的企业,适用重整、和解程序对其进行依法救助。这类企业虽遭遇了债务危机,但其符合产业政策,具备市场前景,还有挽救价值。针对这一类型的企业都可以运用和解、重整手段,发挥破产保护和拯救功能。可以进行剥离低效资产、债务减免分期、推进技改升级、引入战略投资等一系列措施,帮助企业化解债务危机和风险。

不少企业都是通过《中华人民共和国企业破产法》的有效实施，实现了解危纾困，迎来了新生和发展。所以，破产法对企业的意义，"破"只是形式，"立"才是实质，企业走到破产这一步，才是真正实现"不破不立，涅槃重生"。

该书正是基于这样的认知，在正确解读《中华人民共和国企业破产法》的基础上，不仅局限于在北京市亿达律师事务所全体律师内部学习，也希望更多的人能够对企业破产有更正确的认识，并能合理运用破产法。其间只有当越来越多的人形成破产法治共识，我们方能更好地适应新的发展阶段，贯彻新发展理念，优化国际化、法治化、公平可及的营商环境。相信在广大企业破产法律工作者和企业不断加深对破产认知的齐心努力下，必将让经济发展的长河更清澈、更顺畅。

最后感谢张彦律师、阮春林律师、毕日东律师、吴圣奎律师、赵楚义律师的指导，感谢本所破产管理事务部刘金玲律师、张信诚律师、王征律师、王俊芹律师的协助。正是因为有了他们的帮助，才有这本书的出版。

目 录

第一章
企业破产制度对企业的影响

一、企业破产法的概念和立法宗旨 / 3

二、破产法是对企业的保护与更生 / 5

三、企业破产制度的积极作用 / 7

四、企业破产重整的好处 / 9

五、企业申请破产的好处和坏处 / 11

六、企业倒闭和破产的异同 / 13

七、企业进入破产程序会产生什么法律后果 / 15

八、破产是不是逃债,破产法如何防范逃债行为 / 19

九、企业财务不规范,如何安全进入破产程序 / 21

第二章
企业破产申请和人民法院受理

一、任何企业都可以申请破产吗? / 27

二、申请企业破产的条件 / 29

三、企业申请破产的操作流程 / 31

四、企业破产的管辖归属与申请费用 / 34

五、申请主体与申请相关书面证据 / 36

六、破产申请的撤回与驳回 / 39

七、破产申请的受理流程 / 40

第三章
破产管理人的任免与职责

一、什么是破产管理人 / 45

二、管理人的指定与更换 / 46

三、管理人任职资格与报酬 / 49

四、破产管理人的职责 / 55

五、债务人不配合破产管理人如何应对 / 60

六、破产管理人的职权终止 / 62

七、管理人侵害债权人、债务人利益的追责 / 65

第四章
债务人的财产管理

一、债务人的财产认定 / 71

二、破产财产和债务人财产的异同 / 74

三、企业破产以后，债务清偿问题和顺序 / 77

四、涉及债务人财产处置的无效行为 / 80

五、管理人对哪些财产有追回权 / 83

六、破产申请受理以后，债务人对出资义务的履行 / 86

七、破产程序中，债务人财产处置面临的问题 / 88

八、破产费用与共益债务的清偿 / 90

九、如何解除资产保全和账户冻结 / 93

第五章
债权人的权利

一、债权人在企业破产不申报债权的后果 / 99

二、债权人的权利申请和限制 / 101

三、已申报债权人和未申报债权人的利益保护 / 105

四、连带债权人的债权申报 / 107

五、债权人会议的内容和规则 / 109

六、职工破产债权包括哪些内容 / 112

七、破产程序中的债权转让 / 114

第六章
企业破产重整

一、破产重整的概念和性质 / 119

二、破产重整与破产清算的区别 / 121

三、什么人有权提起重整申请 / 123

四、庭外重组与庭内重整 / 126

五、破产重整和法院强制批准的原则 / 129

六、重整期间的相关规定 / 132

七、重整计划的执行和监督 / 134

第七章
破产重整程序下的企业治理

一、管理人管理模式下的企业治理 / 139

二、债务人自行管理模式下的企业治理 / 141

三、关联企业实质合并重整中的企业治理 / 144

第八章
企业破产和解

一、破产和解的含义和作用 / 149

二、破产和解申请的程序规则 / 151

三、和解协议是否具备强制执行力 / 153

四、破产和解程序中的庭外和解 / 155

五、和解协议的法律效力和终止 / 157

六、破产清算企业知识产权处置 / 159

七、和解无效和执行完毕的破产宣布 / 163

第九章
企业破产清算

一、破产清算组的成立与组成 / 169

二、什么样的企业能申请破产清算 / 171

三、自行清算与强制清算的区别 / 173

四、破产清算中的取回权、别除权和撤销权 / 176

五、破产财产的处理和分配 / 178

六、破产分配方案和未受领分配额的处理 / 180

七、企业破产中的拍卖流程 / 183

第十章
合伙企业破产的特殊性

一、合伙企业破产的规定和破产申请 / 187

二、合伙企业破产清算 / 188

三、合伙企业破产的财产范围和构成 / 191

四、合伙企业破产的债权清偿 / 193

五、合伙企业破产后股东是否承担债务 / 194

第十一章
上市企业的破产重整

一、上市企业破产为何更适合"重整" / 199

二、上市公司破产重整的申请与受理 / 200

三、上市公司破产重整的申请主体 / 202

四、上市企业破产重整的管理人指定和职责 / 204

五、上市企业重整计划的执行和终结 / 206

第十二章
国企和民企破产的实施

一、国企法人申请破产特殊性和相关条件 / 211

二、国企破产程序中，国有资产的处置 / 213

三、国企破产以后如何安置职工 / 214

四、民营企业的破产重整 / 216

五、民营企业破产的职工债权处理 / 219

六、民企破产重整中的债转股 / 220

七、民营企业破产重整价值和债权人保护 / 222

参考资料 / 225

第一章
企业破产制度对企业的影响

一、企业破产法的概念和立法宗旨

企业破产法的概念来源于《中华人民共和国企业破产法》(以下简称《企业破产法》)第一条之规定:"为规范企业破产程序,公平清理债权债务,保护债权人和债务人的合法权益,维护社会主义市场经济秩序,制定本法。"[①]

从《企业破产法》的概念来看,它包括四个方面的内容。

1. 规范企业破产程序

企业走破产程序是一个比较复杂的工程,需要完整的规则和程序来进行实践操作。《企业破产法》也在不断改进,旧的破产法存在立法体系杂乱、适用范围窄、思想陈旧等缺陷,可操作性不强。我国现行的《企业破产法》有相对完善的制度设计和程序衔接,整个破产程序操作透明、规范,有利于保护债权人和债务人的合法利益。

2. 公平清理债权债务

破产法不但操作程序要规范,更重要的是践行"公平"理念,只有公平清理企业破产中所涉及的各种债权债务关系,维护相关利益人的各种法律权益,才能彰显《企业破产法》为破产企业保驾护航的价值。我国现行《企业破产法》主要从三个方面体现债权人公平受偿原则:一是规定所有破产债权人的法律地位平等;二是规定所有破产债权人的受偿机会均等;

[①] 中华人民共和国企业破产法 [M]. 北京:中国法制出版社,2006.

三是规定不同类型的债权人之间平等享有合理的破产清偿程序。

3. 保护债权人和债务人的合法权益

企业走破产程序的目的，不但在于保护债权人的合法权益，同样债务人的合法权益也需要被保护。在办理破产案件中，债权人与债务人的法律地位平等，在保护债权人合法权益的同时，债务人的合法利益也应当得到保护。

4. 维护社会主义市场经济秩序

现行《企业破产法》的出台与完善，就是要通过规范企业破产程序、公平清理债权债务、保护债权人和债务人的合法权益，以达到维护社会主义市场秩序的目的。由于国际金融危机的不断蔓延，我国经济发展也面临着考验。如果企业因资金链断裂陷入困境，就会影响我国经济秩序的有序进行和社会稳定。所以，破产法要充分发挥人民法院职能作用，正确审理企业破产案件，防范和化解企业债务风险，挽救危困企业，规范市场主体退出机制，维护市场运行秩序，对于有效应对国际金融危机冲击，保障经济平稳较快发展，具有重要意义。

《企业破产法》作为破产程序的基本性法律，对促进企业和市场主体的发展具有重要意义。

首先，《企业破产法》适应了我国市场经济条件下市场主体建设的需要。企业组织作为市场经济主体，如果运行是健康的，那么能保证企业发展由小到大、由弱转强，从而带动整个社会经济的发展和运行。《企业破产法》适应了这种需要，法律在规定了企业的设立、经营准则的基础上，还规定了企业的重整、和解与破产清算制度，从制度上保证了企业陷入困境以后起死回生与涅槃重生，从而完善了整个市场主体法律制度。

其次，《企业破产法》通过规范企业的破产与重组、和解达到资源的有效配置。一是能够有效阻断社会资源流向无挽救价值的企业；二是通过和解与重整程序，促使陷入危机而有挽救希望的企业重新焕发活力，避免资源浪费。

最后，《企业破产法》的出台完善了我国企业法律制度。自市场经济运行以来，国家出台了《中华人民共和国公司法》《中华人民共和国合伙企业法》《中华人民共和国个人独资企业法》，使企业的设立和变更有法可依。但对于企业破产来说，《中华人民共和国民事诉讼法》虽然对于法人破产还债的程序有所适用，但只规定了破产还债程序，对于其他如重整、和解的内容未涉及，使出现债务危机的企业只有破产清算一条路可行。《企业破产法》的出台完善了企业立法，并与之前的立法互相配套，促进了我国一整套企业设立、经营、重整与破产清算法律制度的形成和完善。

综上所述，《企业破产法》破产制度作为市场经济法律制度的主要组成部分，其立法宗旨与时俱进，从各个方面维护当事人的利益，涉及企业本身和债权人，同时涉及整个社会的稳定。它对促进经济的健康发展，保障债务人、债权人利益等都发挥着不可估量的作用。

二、破产法是对企业的保护与更生

破产法对于社会和个人都是有利的，是国家在维护金融秩序和当事人合法权益的重要工具，对企业起到了保护和更生的作用。

破产法对企业的保护体现在哪些地方呢？

1. 避免债权人讨债让企业出现经营失序

《企业破产法》第十六条规定：人民法院受理破产申请后，债务人对个别债权人的债务清偿无效。陷入困境的企业进入破产程序后，遵循债权人公平受偿原则，可以避免因个别债权人讨债陷入经营失序的状况，债务停止计息也可进一步减轻企业金钱债务的压力，避免持续累加利息、罚息，增加企业"起死回生"的可能性。

2.附利息的债权可以停止计息

《企业破产法》第四十六条规定：未到期的债权，在破产申请受理时视为到期。附利息的债权自破产申请受理时起停止计息。人民法院受理破产申请后，个别债权人不能再对企业催收、执行企业的债务，附利息的债权自破产申请受理时停止计息。

3.企业债权人可以进行协商，维护企业运营

《企业破产法》第五十九条规定：依法申报债权的债权人为债权人会议的成员，有权参加债权人会议，享有表决权；第七十三条规定：在重整期间，经债务人申请，人民法院批准，债务人可以在管理人的监督下自行管理财产和营业事务。因此，破产申请受理以后，破产法设立了债权人会议制度，并赋予企业债权人对于重大会议的表决权，企业就债务重组、展期清偿、债务削减等问题进行共同协商。同时，可以对企业管理方式和经营方向进行协商，确保企业能够正常运营，度过债务危机。

4.获得融资支持，降低企业成本

《企业破产法》第十八条规定：人民法院受理破产申请后，管理人对破产申请受理前成立而债务人和对方当事人均未履行完毕的合同有权决定解除或者继续履行，并通知对方当事人。《企业破产法》第五十三条规定：管理人或者债务人依照本法规定解除合同的，对方当事人以因合同解除所产生的损害赔偿请求权申报债权。进入破产程序后，企业可以对未履行的合同进行选择性履行。对于会加重企业负担的合同予以解除。同时，企业

可通过法院许可或债权人会议,为企业继续营业而借款。通过融资借款的形式对企业流动资金进行补充,甚至借此机会能够扩大经营,让企业重新焕发生命力。

5. 企业股东只需承担有限责任

企业进入破产程序后,如果得到重整或和解,企业就能恢复正常经营。如果只能走到破产全面清算,债权债务清理完成后,股东只需承担有限责任,不再承担企业债务。

三、企业破产制度的积极作用

我国《企业破产法》实施十几年来,取得了很大的成绩,也积累了许多宝贵的经验。破产制度是最终解决企业破产后债务清偿的有效制度。之所以这么说,是因为我们正常情况下除非企业把债务偿还了,债务才能了结。如果债务人还不了债,通过破产制度就能解决这个问题。经过破产清算程序以后,如果企业通过破产清算退市和注销,还不了的债务就会予以免除。

《企业破产法》自 2007 年 6 月 1 日开始施行,企业破产制度对我们国家规范经济秩序、处理债权债务纠纷发挥了积极的作用。在破产制度下,企业有的是清算,有的是和解,还有是一些重整,重整之后能够盘活企业资产,对我国的经济、社会将会起到非常积极的促进作用。

破产制度的积极意义主要表现在以下四个方面:

1. 保证不合格的企业顺利退出市场

破产制度是企业退出市场的法律机制。通过优胜劣汰,维护公平的市场竞争秩序,使优质的企业能够提升管理和经营能力,使劣质的企业顺利退出市场,极大地推动了我国经济改革的步伐。

2.有利于产业结构和社会资源的合理配置

企业走到破产这一步,往往有很多原因,但根本原因是产业结构和社会资源没有得到科学合理的配置。通过企业破产制度的干预,有利于社会资源和产业结构的重新配置和调整,保持整个市场运行机制的健康。

3.有利于提高资产的利用效率,实现资源的优化配置

一方面,对那些已经符合破产条件的企业来说,不对其进行破产宣告,就会使得其继续占用、浪费社会资源。而企业破产后,它所占用的大量资源将被重新整合,投入投资不足的行业,能够实现资源的充分利用。另一方面,企业破产后可以通过重整、和解等程序使其暂时免受债权人的追讨,获得复苏的机会,从而最终避免社会资源的浪费。所以破产制度对于整合社会资源,提高资产的利用效率具有重要意义。

4.维护良好的社会信用

企业破产制度有利于强化对债权人的保护,遏制各种逃债行为。市场经济是信用经济,而债权本身就是一种信用,不履行债务就是不讲信用,这对于市场经济的健康发展极为不利。

在社会生活中,只要存在商品生产和交换,就会有竞争,有优胜劣汰,就会出现破产现象。我们应该看到它存在的合理性,认识到企业破产制度的积极意义。

四、企业破产重整的好处

按照《企业破产法》第二条规定:"企业法人不能清偿到期债务,并且资产不足以清偿全部债务或者明显缺乏清偿能力的,依照本法规定清理债务。企业法人有前款规定情形,或者有明显丧失清偿能力可能的,可以依照本法规定进行重整。"破产重整,也称为债务重整或司法重整。

"破产重整"的企业,企业法人资格不注销,继续存续,不是让企业关门大吉退出市场,而是通过对债务人企业实施债务、资产、业务、股权、管理等全方位地重组,找准企业出问题的原因并提出解决方案,改善公司管理机制,化解公司债务负担,让企业法人资格不注销、继续存续的同时可以卸下包袱,轻装上阵,实现对企业的挽救和重生。因此,破产重整重心不在"破",而在"立",也就是重整与重生。

破产重整的好处包括以下四个方面:

1. 停息止付

人民法院受理破产重整以后,所有的利息将停止计算,同时所有的欠款将暂停支付。

2. 司法归零

关于企业的保全措施将被解除,执行程序将被终止,有关债务人的所有民事诉讼或者仲裁,已经开始但尚未终结的,都得停止,所有的案件都需要移交到破产重整申请的当地人民法院进行重新受理。

3.公平受偿

所有的债权人需要向人民法院或者管理人申报自己的债权，涉及的所有债权人都有公平受偿权，会按照比例偿还，不是私下里跟谁有交情就先还谁，跟谁不好就不还谁，大家都有公平受偿权。

4.协商还款

协商还款具体是指本金和利息进行一定比例的折扣，还款时间进行一定周期的延长。通过以上这些步骤，帮助企业从困境中走出来，企业重获经营能力，有更大的概率或者能力来清偿所有的债务。所有的债权人也有更大的概率拿到自己的钱。

传统的破产法理论中，破产清算占据了绝对的主导地位，在企业出现资不抵债、无力清偿债务的时候，破产清算主要是尽最大可能解决将债务人有限的财产公平地向所有的债权人清偿的问题。随着我国新破产法的实施，以挽救市场主体为出发点，既要保护债权人的权益不受侵害，又要兼顾企业主体不被消灭。因此，科学地设置了破产重整制度。该制度对于参与重整程序的人和整个社会而言，都有显而易见的好处。

第一，对债务人的好处。破产重整相较破产清算而言，企业不会轻易被解体或在市场上消失，而是将出现财务状况的企业暂停营业，在得到挽救之后，能够实现清偿到期债务，使濒临破产或已经达到破产界限的债务人起死回生，不会因为一时的困境而没有翻身的机会。破产重整让企业有了涅槃重生的希望，通过灵活运用重整程序允许的多种措施，达到恢复经营能力、清偿债务，甚至重组再生的可能。

第二，对债权人的好处。虽然债权人有受偿的权益，如果企业没有重整程序而是直接进入破产的话，债权的清偿比例就会变低，即使能拿到受偿，也会导致出现最差的局面，所以，重整对于债权人来说有机会挽回损失。

第三，对投资人的好处。破产重整程序中，投资人以重整投资人的角色出现，买来的是破产企业的优质资产，对价也是按这些资产的价值来计算。对于破产企业现有的负债，只需要按照重整草案的约定去偿还一部分就可以合法地免除所有其他负债。对于投资人来说，无疑是捡到一个大便宜。但投资人需要明确，接盘后的企业的经营风险依然存在，如何考量则需要专业的市场知识、法律知识和大量的实操经验。

第四，对职工的好处。维护社会整体利益是破产重整的价值目标所在，其中被重整企业的职工利益是整体利益的重要组成部分。在重整开始后雇员与债务人之间的劳动合同继续有效，而且雇员的工资及劳保权益要优先支付。在重整过程中，公司的资产和经营状况发生重大变化，因此对于已经成立的合同，法律一般赋予管理人一定的主动选择权，决定是否继续履行。

第五，对社会的好处。《企业破产法》注重将企业尤其是上市企业通过重整获得挽救让其重获新生。破产重整作为一种再建型的债务清偿程序，它使得陷入困境的债务人在提出破产申请后，仍然有可能通过有效的重整避免破产。

五、企业申请破产的好处和坏处

任何事情都没有全是利，也没有全是弊，对于企业申请破产来说也是如此。企业申请破产有好处也有坏处。

申请破产一般分为企业申请破产和债权人申请破产。企业申请破产的好处是可以让企业暂时停止债权人的催债行为。申请破产之后，企业可以暂停债务还款，节省资金，也可以减少与债权人之间产生的纠纷。此外，申请破产也可以使企业有机会重组，通过重组可以让企业更好地利用资源，重新开展业务。

另一个好处是，企业申请破产后，按照《中华人民共和国公司法》有限责任制，申请破产后股东只需要在自己认购的股本内承担责任——根本意义上破产是对公司股东的保护。如果股东只是认购不太多的份额，而同时公司一直处于亏损状态不分红还要投入资金维持运转，这时股东最好的选择就是走破产程序，按照法律处理所有员工、债权债务、税务问题，经法院审查后，股东彻底和这家公司脱钩。企业股东、高管也可以不同程度地从企业债务中摆脱出来。唯一的问题是准备过程复杂，需要的时间比较久（半年至一两年不等）。

申请破产不好的一面，可能会给企业带来一些负面影响。比如，企业的信誉会受到一定的损害，与之合作的上游合作伙伴会对企业失去信任，投资者也可能因为企业申请破产而投诉企业的经营状况。另外，申请破产可能会使企业失去对一些资产的控制权，这可能会影响企业的发展，同时还可能增加企业管理的难度。

从员工的角度来看，企业破产只有坏处没有好处，企业破产意味着失业，意味着没有收入。即使企业是破产重整，如果没有严格按照《企业职工劳动法》规定的履行有偿义务，那么员工拿到的赔偿就会大打折扣。

如果企业拖延偿还债务，债权人也可以对债务方企业提出破产申请。这种情况下申请破产，对方企业为了让自己的企业可以继续经营，可能会采取债转股、尽快清偿等做法。如果对方企业确实无力清偿债务，债权人也可以通过申请破产的方式将这笔债务在会计意义上作出处理，而不是一直以"坏账"形式存在。唯一的问题就是对于债务破产清偿，债权人能拿回的收益比例一般很低。

六、企业倒闭和破产的异同

企业的倒闭和破产是既有联系又有区别的概念，破产的情形包含倒闭，所以破产的范围宽于倒闭。

有人认为企业倒闭和破产就是一个概念，这个认为是不准确的。破产是一种宣告债务人无力偿付债务及其后的一系列连锁还款予债权人过程的法律程序，是指当债务人的全部资产无法清偿到期债务时，债权人通过一定法律程序将债务人的全部资产供其平均受偿，从而使债务人免除不能清偿的其他债务。破产多数情况下是一种企业行为和经济行为。但人们有时也习惯把个人或者企业停止继续经营亦叫作破产，而倒闭则是指企业或商店因亏本而停业。

企业倒闭是企业终止多种情况中的一种情况。企业倒闭也可以称为解散，就是让企业彻底终止它事实上和法律上的存在，企业的终止不是一个时点，而要经过一系列的活动才能终止。从终止启动开始到终止的完成，要经过对企业财产的清算，停止营业解散组织，对企业的法人资格进行注销，企业才会终止。

一个企业终止的原因分为两类：一类是任意性的终止事由，另一类是强制性的终止事由。任意性终止是企业基于自愿原则而终止企业的存在，比如由企业权力管辖机关决定终止，像企业规定的经营期限届满了，或者股东大会决议解散了，这些都属于自愿性的终止。如果企业出现分立、合并而解散注销的，这个不称为倒闭。因为原来企业的业务仍然会持续，只不过转换了一下存续的方式，它是在新的企业中继续持续，不需要进行财产清算，所以叫作企业的倒闭。强制性终止是指企业以非自愿的方式被政府有关部门或者人民法院强制终止，如依法关闭、解散、吊销营业执照、依法破产等。

广义的企业倒闭是指企业的关闭，既包括终止，也包括非自愿解散的倒闭，但是，通常在社会上讲到"倒闭"这个概念的时候，它是狭义的，一般是专指各种非自愿的企业倒闭解散的情况，尤其是破产。企业倒闭必须进行清算，清算债权债务，解决相关的社会法律问题，才能够最终终止它的存在，企业开始清算，就是以终结企业全部法律关系为目的而进行的债权债务清理，企业剩余财产的处理等这一系列活动的开始。

企业的清算可以分为两种情况：第一种情况是在企业财产足以清偿全部债务的情况下，由企业股东进行。或者在自愿清算进行不下去的时候，比如发生争议，股东之间可以申请法院进行强制清算，但前提是企业能够清偿全部债权债务。第二种情况就是企业解散以后，它的财产不足以清偿全部债务，这个时候进行结算，从法律角度讲，只能是破产清算，因为它必须遵循破产法的规则，才能够保障清算的公平。

如果从适用法律的角度讲，适用《中华人民共和国公司法》的就是自愿清算和强制清算，适用《中华人民共和国破产法》的就是破产清算，如此来看，企业的倒闭清算和破产清算，不是完全同一的概念。

破产是指企业因不能清偿到期债务，并且资产不足以清偿全部债务，或者明显缺乏清偿能力，经当事人申请破产清算，由人民法院依法受理破产案件裁定，宣告企业破产还债，企业经过破产清算然后依法终止。根据这个解释，企业的倒闭是一个大概念，包括多种情况，破产只是在法律上最重要的一种情况。破产是市场经济国家都具有的法律制度，是市场主体规范退出进行资源优化配置的重要手段，对健全完善市场经济体制、深化改革开放、提升营商环境具有重要的意义。

"破产"的概念和"破产法"的概念是不一样的，破产是对企业的清算，让它退出市场，而在破产法里面，不仅规定了要保障企业，也就是市场主体规范地公平清偿债务，维持市场经济秩序的这种破产清算制，还包括整合企业的救治。破产法的社会功能不仅要解决企业的倒闭问题，还要解决企业挽救再生问题，所以它和单纯的"倒闭"有差异。

破产在一定条件下可再生产。破产是一个法律术语，是指企业不能清偿到期债务，并且资产不足以清偿全部债务或者明显缺乏清偿能力时，由债权人或者债务人向法院申请，依照《企业破产法》规定的程序偿还债务的一种法律制度。倒闭则不会再生产。倒闭并非一个法律术语，而是对企业状况的一种描述，通常可以理解为企业经营不下去，关门不干了，其法律后果一般包括企业歇业、企业注销等。

七、企业进入破产程序会产生什么法律后果

在债务人发生破产以后，债权人和债务人都有权向人民法院提起破产申请，人民法院经过审查认为破产申请符合法律规定的，就会裁定受理破产申请，使企业进入破产程序。

破产程序是由一系列规则组成的。

1.债务人应当在破产程序的法定期限内（一般15个工作日内），向人民法院提交财务状况说明、债权债务清册、财务账簿以及职工的工资支

付、社会保险费的缴纳情况等与破产相关的资料。如果债务人不按法律程序规定提交这些材料，人民法院可以对债务人或负责资料提交的直接人员采取罚款等强制措施。

2.为了保障破产程序顺利进行，在破产程序进行期间，债务人的相关人员也要承担一系列的义务。

（1）妥善保管债务人原来占有和管理的财产、印章、账簿、文书等资料，并且根据管理人的要求及时移交。企业从破产宣告之日起，即丧失对自己财产的管理权和处分权，其全部财产由清算组接管。

（2）根据人民法院管理人的要求配合破产程序的相关工作，要列席债权人会议，如实地回答管理人的询问。

（3）企业被宣告破产后，人民法院应当指定必要的留守人员。企业的法定代表人、财会人员、财产保管人员必须留守。债务人相关人员如果没有经过法院许可，不能离开住所地，如果是在本人住所地以外，异地进行经商任职的，要想离开那个地方回家必须经过法院许可。在破产程序中，企业的董事、监事、经理、高级管理人员、财务管理人员和其他的经营管理人员，都要受到以上提到的这些法律上的限制，如果债务人相关人员违反了这些法律规定，擅自离开住所地，法院可以通过训诫、拘留、罚款等方式来惩罚债务人的违法行为。

依照《中华人民共和国公司法》第一百四十七条的规定："担任破产清算的公司、企业的董事或者厂长、经理，对该公司、企业的破产负有个人责任的，自该公司、企业破产清算完结之日起未逾三年，不得担任公司、企业的董事、监事、高级管理人员。"[1]依照《企业破产法》第

---

[1] 中华人民共和国公司法·实用版[M].北京：中国法制出版社，2018.

一百二十五条之规定:"如果是因企业董事、监事或者高级管理人员违反忠实义务、勤勉义务,致使所在企业破产的,自破产程序终结之日起三年内不得在任何企业担任董事、监事、高级管理人员。"①

法人企业的董事、理事等执行机构或者决策机构的成员为清算义务人,法律、行政法规另有规定的,依照其规定。清算义务人未及时履行清算义务,造成损害的,应当承担民事责任。

3. 为了保障对债权人的公平清偿和破产程序顺利进行,在破产这个对全体债权人的集体清偿程序启动以后,必须停止对单个债权人的个别清偿。破产法规定,人民法院受理破产申请后,债务人对个别债权人的清偿无效。但是,根据破产法司法解释有关规定,如果是债务人以自己的财产向债权人提供了物权担保,在担保物的市场价值之内,向债权人所做的特别清偿,不受限制。因为你提供担保的财产要优先清偿担保债权人,别人拿不到,所以在担保物的价值内进行了清偿,不会损害其他债权人。除此之外,《企业破产法》还规定,在法院受理破产申请以后,有关债务人的执行程序必须中止,对债务人的财产保全措施应当解除,统一交由管理人进行财产的清算和清偿。

4. 为了保障债务人财产的安全,在企业破产法中规定,债务人的债务人和财产持有人,在破产程序启动后,为了规避财产被擅自挪用,就不能够再直接向债务人交付财产了。必须向管理人清偿债务或交付财产,如果债务人的债务人违反了这个规定,明知法律不允许却故意违反,那么他所做的行为无效。

5. 为了保障破产程序的顺利进行,企业破产法中,在人民法院受理破

---

① 中华人民共和国企业破产法 [M]. 北京:中国法制出版社,2006.

产申请以后，有关债务人的民事诉讼，只能向受理破产申请的法院提起，与债务人财产有关的争议，都统一由破产法院受理一并解决。

公司、企业的财产在其他民事诉讼程序中被查封、扣押、冻结的，应立即通知采取查封、扣押、冻结措施的人民法院予以解除，并向受理破产案件的人民法院办理移交手续。根据《企业破产法》和《全国法院民商事审判工作会议纪要》的规定，人民法院受理破产申请以后，已经开始而尚未终结的有关债务人的民事诉讼或者仲裁，要先终止，等到管理人接管债务人的财产和诉讼仲裁事务以后，再继续进行。因为管理人接管的时候，他不一定了解这些诉讼仲裁事务，需要给管理人一个过渡的时间。

6. 在破产清算程序中，是不允许经营的。如果为了保全或者提升债务人财产价值所必需的，比如企业有半成品简单加工一下可以成为成品，这个时候是允许经营的。如果债务人处于重整和解的程序，债务人是否继续经营，由债权人会议决定。在第一次债权人会议召开之前，由管理人向法院请示以后方可执行。除此之外，为了保障债务人的财产最大化，在《企业破产法》里面还规定，在人民法院受理破产申请前成立的，债务人和对方当事人均未履行完毕的合同，可以决定解除或者是继续履行。管理人自破产申请受理之日起两个月内未通知对方当事人，或者自收到对方当事人催告之日起 30 日内未答复的，视为解除合同。管理人决定继续履行合同的，对方当事人应当履行，但是对方当事人有权要求管理人提供担保。管理人不提供担保的，视为解除合同。这个权利一定要好好把握，如果是债务人处于债务危机之下，有可能会有一些不合理的或者对他不利的情况，那么，通过破产程序启动获得这种合同的选择履行权，可以保障债务人，其实是保障背后的债权人能够得到更多的清偿。

八、破产是不是逃债，破产法如何防范逃债行为

企业破产会造成很多人拿不到血汗钱，于是就有人感慨："破产制度是老赖们逃债的一种工具。"那么，事实果真如此吗？

什么是逃债呢？从法律角度讲，所谓的逃债，是指债务人和相关人员采取转移资产、隐匿财产、逃避债务等各种规避对债务清偿的欺诈手段。本来对债务应该进行清偿，并且具备清偿债务的能力却恶意拒不清偿或者减少清偿的行为，可以认定为逃债行为。这样的行为因为严重侵害债权人的权益，所以被法律所禁止。自从债权债务关系产生以来，在债权人和不诚信的债务人之间就存在着层出不穷的花样翻新的追债和逃债的博弈，这种博弈在《企业破产法》产生之前普遍存在，在拓展产能之后，自然也会延伸扩展到破产程序之中。

破产程序是防范纠正和制裁逃债最有力的手段，判断是不是属于逃债，我们不能只看一笔债务是否全部还清。在市场经济中，即使是诚信的债务人，也有可能由于种种市场风险或人为操作失误，而导致对到期债务无法清偿，这不是逃债，这是商业活动的正常市场风险。

所以，面对一个公司企业破产，如果债权人受到损失，只要债务人没有恶意的欺诈行为，就不构成法律意义上的逃债。

我们要明确债务人不是因为进入了破产程序才导致债务不能清偿，相反是债务人因为不能清偿到期债务，才进入破产程序，为保障对全体债权人的公平清偿，所以进入破产程序，只是使原来已经存在的债务不能清

偿，由于破产程序而使债务完全暴露在债权人和社会面前，通过破产程序来依法处置。可以说，《企业破产法》是防范逃债行为最有力的法律体系，它为人们提供了保障债务关系公平，最终有序实现债务公平清偿的法律渠道。

《企业破产法》中规定有无效行为、可撤销行为，可以将债务人在进入破产程序之前和其中的各种逃债行为认定为无效，可以撤销债务人的各种欺诈行为，以及对个别的债权人对于关系单位进行的偏袒性清偿；在破产程序启动之后，可以通过将债务人的逃债行为认定为无效行为，撤销各种欺诈行为和这种偏袒行为，追回更多的财产。破产法里规定有对债务人各种违法行为的责任追究制度，在破产程序启动以后，人民法院指定的管理人就接管了债务人的全部财产和经营诉讼，债务人就丧失了对他财产的管理权和经营权，从而使得管理人可以在债务人的内部查阅账簿进行审计，查找财产去向并追究。

从破产法对债权的保障来看，它不是要满足每个债权人的全额清偿要求，因为在客观上已经不可能实现了。破产制度要做的是对全体债权人进行公平有序的清偿，从而使全体债权人能够得到最大可能的利益，以利于对债务人的保护。破产程序通过一次性的集体形式解决多重的诉讼费，解决债务清偿纠纷，同时还为那些诚实而不幸经营失败的债务人提供了一个挽救事业和企业强制性的和解或重整程序。债务人既可以在破产程序中实现公平清偿债权人的目的，同时也使那些有挽救希望和挽救价值的债务人，可以通过法律强制性的制度设计来避免破产重整事宜。

可以说，破产制度既是规避恶意逃债行为的法律制度，又是让诚实经营者重生的法律制度。正是有了破产制度的参与，才有效缓解了创业者的恐惧，使他们能够积极地参与国家的创业大潮；正是因为有了大量的创业者，才让我国出现了"大众创业，万众创新"的局面，从而有效促进了我国的经济发展。除此之外，破产制度还能有效保护债权人的利益。例如，债权人发现债务企业亏损，如果没有破产制度，债权人可能就只能看着这个企业一直亏损，直到最后亏到什么也不剩，也就会导致债权人什么都拿不到。正是因为有了破产制度的存在，当债权人发现债务企业资不抵债的时候，可以向法院申请债务企业破产，至少可以拿回来一部分资产或资金，有效保障了债权人的利益。所以，破产制度的存在，不仅不是逃债的工具，反而是债权人的保护伞。

九、企业财务不规范，如何安全进入破产程序

破产制度就是在核审企业财务问题上给予债权人进行的公平清偿。所以，企业想要安全进入破产程序，财务状况是一个绕不开的问题。企业财务不规范一直是企业老板心里的痛，也因为财务不规范，所以很多企业迟迟下不了破产重整的决心。

根据《企业破产法》的要求，进入破产重整后，人民法院指定管理人来接手企业财务账簿，会审查企业股东与企业的财产混同情况，从而可能涉及对股东抽逃出资、挪用资金、职务侵占行为审查。

如果有上述行为的企业，肯定无法安全进入破产程序。为了规避以上这些责任，有两个解决方案。

1. 建议财务出具股东个人与企业对公账户的往来结算清单

这样做主要是为了判断股东个人入账工资总额和企业出账到股东个人账户资金总额的大小。如果股东个人进入对公账户企业的资金大于企业划到个人账户的资金，证明股东个人是企业的债权人，企业股东不仅不需要承担任何民事或刑事责任，还可以作为企业的债权人申报债权，争取个人的债权人利益；如果企业对公账户划入股东个人账户的资金总额大于个人进入公司对公账户的资金，这部分差值可能涉及抽逃或者挪用，需要做财务的处理和规范。

2. 建议企业做破产的专项财务审计

（1）排查是否有企业借给股东、高管实控资金的行为。

（2）是否有抽逃出资的行为。

（3）排查是否有挪用资金、职务侵占的民事或刑事风险。

（4）排查六个月内是否有除支付水费、电费、工资等必要支出外的其他偿付情况，这些个别清偿后会被追回。

（5）排查一年内是否有对外应收款债权的转让，排查企业是否有未来应收款，如租金款的情况，如果有，可能被法院查封。

第一种方案虽然不太全面，但成本较小；第二种方案能全面排查企业财务风险点，帮助企业规避风险，但会产生一定的费用。

另外，企业的财务不规范还体现在企业形成了对外和对内两套账，这也是大多数民营企业经营中账目存在的普遍情况。破产程序中对财务的要求是账账相符、账证相符、账实相符，也是国家金税三期要求的三流合一，即物流、资金流、发票流的统一。大部分申请破产的企业肯定无法完全满足以上的相符和统一条件，需要注册会计师来帮助企业还原财务报表的真实面目，必要的时候还需要外部审计公司介入，对企业财务账目进行审计和专项审计，避免相应的财务风险，对企业财务报表还原或者外部审计的目的是弄清和确认企业资产和债务总额。企业破产的核心就是把企业资产进行等比例清偿给债权人，法院需要从财务账目中来确认企业的资产的多少，包括不动产、应收款、现金等组成。破产企业存在两套账是普遍现象，可以通过专业的财务人员或外部审计机构来还原财务报表的真实情况，确保企业财产和债务的准确性，确保能够安全地进入企业破产程序。

第二章
企业破产申请和人民法院受理

一、任何企业都可以申请破产吗?

破产重整是陷入困境的企业获得外部资金支持的为数不多的途径。当然，不是什么企业都能申请破产的，不管是破产重整还是预重整都需要资格，那么什么样的企业才具备申请破产的资格呢?

《企业破产法》明确适用于具有法律资格的法人主体，什么是法人资格呢?指具有民事权利能力和民事行为能力，依法独立享有民事权利和承担民事义务，一般包括公司事业单位、社会团体基金会、社会服务机构等组织，特别是农村合作社，根据《农村股份合作企业暂行规定》，合作社也是一种营利性的企业法人，也是可以申请破产的。比如，种植合作社、养殖合作社、民办非企业，它们属于社会服务机构，也是具有法人资格机构，可以申请企业破产。不具备法人资格的企业、个体工商户、合伙组织、农村承包经营户等，这些组织是不能够申请破产的。

依据《中华人民共和国公司登记管理条例》第四十三条规定①，公司出现以下的情况，能申请破产:

（1）公司被依法宣告破产;

（2）公司营业期限届满或公司章程规定的其他解散事由出现，但公司通过修改公司章程而存续的除外;

（3）股东会、股东大会决议解散或一人有限责任公司的股东、外商投

---

① 中华人民共和国公司登记管理条件注释本[M].北京:法律出版社，2008.

资的公司董事会决议解散；

（4）依法被吊销营销执照、责令关闭或被撤销；

（5）人民法院依法解散。

根据我国《企业破产法》的规定，破产的申请权利主体通常包括债务人、债权人。

破产重整程序的启动，除债务人、债权人之外，还包括债权人提出破产申请启动清算程序后出资额占债务人注册资本 1/10 以上的出资人；而破产和解程序的启动，则只能由债务人提出申请。债务人可以直接向人民法院申请和解，也可以在人民法院受理破产申请后、宣告债务人破产前，向人民法院申请和解。

此外，《企业破产法》第一百三十四条规定："商业银行、证券公司、保险公司等金融机构有本法第二条规定情形的，国务院金融监督管理机构可以向人民法院提出对该金融机构进行重整或者破产清算的申请。"

三无企业也可以通过破产清算快速完成注销。这里的"三无"企业是指无人员、无账簿、无财产。这类企业通常停业多年，由于长期停业和管理缺位，企业通常会堆积大量代办的税务事项，以及因税收违法行为而产生的处罚，这些企业在市场上占有很大的比例，都需要通过破产清算程序来完成注销。这些企业通过注销后能很好地提升市场主体规模和质量，因此，各破产受理人民法院都相继出台了针对此类企业的快速便捷的办理流程。

二、申请企业破产的条件

无论是债务人自己申请破产，还是债权人申请债务人破产，都需要债务人具备法定的企业破产条件。

那么，什么情况下企业才具备法定的破产条件呢？根据《企业破产法》第二条第一款规定，企业法人不能清偿到期债务，并且资产不足以清偿全部债务或明显缺乏清偿能力。第二款规定，企业法人有前款规定情形，或者有明显丧失清偿能力可能的，可以参照本法规定进行重整。

这两个要件必须具备其中之一才可最终形成债务人的破产原因，即债务人具有破产原因的情形包括"不能清偿到期债务+资不抵债"以及"不能清偿到期债务+明显缺乏清偿能力"。

那什么样的情形会被认定为企业资不抵债及缺乏清偿能力呢？

1. 关于"资不抵债"的认定

资不抵债，顾名思义就是指企业的总资产小于总负债，资产不足以清偿企业所欠的总债务。对企业是不是处于"资不抵债"需要通过审查企业的资产负债表来认定。有的人民法院仅依据资产负债表、银行账户货币资金判断企业资产，有的人民法院则要求企业出具审计报告，并据此认定企业资产不足以清偿全部债务。

在审查企业的时候，债务人自己提出破产申请的，容易提供企业的资产负债或审计报告，如果是债权人提出破产申请的，债权人也往往难以取得债务人资不抵债的充分证据，原因是债务人向银行提供的财务报表难以及时、客观地反映企业资产负债状况，而其他债权人就更加难以掌握债务人的内部财务情况。

在现实操作中，对于企业"资不抵债"的认定需要注意两种情况：一种是企业由于短期资金周转困难体现在资产负债表上出现阶段性的"资不抵债"，这是可以经过后期经营得到化解的。另一种是中小民营企业，财务不规范，出现公私财物混同，这样的资产负债表上反映出的问题并不真实，难以构成破产的依据。如果出现上述两种情况，申请人可以向法院申请预重整或法定重整，债权人也可以向人民法院申请聘请中介机构对债务人进行审计、评估，或者提供其他能够推翻债务人财务状况的证据，以此证明债务人是否存在资不抵债的情形。在确定真正构成"不能清偿到期债务，并且资产不足以清偿全部债务"情形后，再决定是否裁定受理破产申请。

2.关于"缺乏清偿能力"的认定

缺乏清偿能力作为破产原因的一种，是对于"资不抵债"的补充，是便于法律认定破产原因而增加的认定范围。比如，某企业虽然资产大于债务，拥有大量应收账款，但其通过诉讼程序仍无法收回该应收账款，导致不能清偿到期债务，或者已经停止生产经营只留下固定资产而成为"僵尸企业"，在这些明显缺乏清偿能力的情况下，如果也一定要等到继续亏损到资不抵债时才可以破产的话，一方面会增加企业的债务负担；另一方面会损害债权人的利益，造成双输、多输的局面。因此，《破产法司法解释一》①第四条，列举了在债务人"资产大于负债"时被认定为"明显缺乏清偿能力"的五种情形，具备这些情形时也可构成破产原因。这五种情形

---

① 最高人民法院民事审判第二庭编.最高人民法院关于企业破产法司法解释理解与适用：破产法解释（一）、破产法解释（二）[M].北京：人民法院出版社，2017.

包括：

（1）因资金严重不足或者财产不能变现等原因，无法清偿债务；

（2）法定代表人下落不明且无其他人员负责管理财产，无法清偿债务；

（3）经人民法院强制执行，无法清偿债务；

（4）长期亏损且经营扭亏困难，无法清偿债务；

（5）导致债务人丧失清偿能力的其他情形。

除了以上两种情况，还有一种对于"明显缺乏清偿能力"的认定，属于对已经发生的到期债务无法清偿的事实状况，这种情况属于预重整和法定重整，不适用于破产清算。

在债务人出现"明显丧失清偿能力可能"的情形时，可以被认定为具有破产原因，有关主体可以申请债务人重整。如果企业通过种种迹象表明已经濒临破产，出现"明显丧失清偿能力"的可能，即尚未出现不能清偿到期债务且资不抵债或明显缺乏清偿能力的情形，为了防止企业经营持续恶化，相关主体也可以申请债务人破产重整，使债务人尽快获得破产保护。

三、企业申请破产的操作流程

根据《企业破产法》第七条之规定："债务人有本法第二条规定（企业法人不能清偿到期债务，并且资产不足以清偿全部债务或明显缺乏清偿能力）的情形，可以向人民法院提出重整、和解或者破产清算申请。"

那么，企业申请破产的具体流程是什么呢？

1. 债务人不能清偿到期债务

债权人可以向人民法院提出对债务人进行重整或者破产清算的申请。申请破产的主体既有债权人，也包括债务人和负有清算责任的人，均可以向法院申报成为破产申请人。

2. 人民法院开始审核案件情况并决定是否受理

申请人向人民法院提交破产申请书和证据，人民法院收到申请之日起5个工作日通知债务人。债权申报期限为30天至90天。债权人应当在债权申报期间完成申报，以获得相应的破产债权人地位。相反，如果债权人在人民法院确定的债权申报期限内没有申报债权的，债权人可以在破产财产最后分配前完成补充申报。申请破产后人民法院将会审核案件情况并裁定是否受理，如果人民法院受理破产申请，则会公告案件受理情况，告知公司债权人在指定期限内向管理人申报债权，同时通知债权人会议召开的时间、地点。

3. 人民法院决定受理的企业破产申请

人民法院会指定破产管理人，也就是破产清算组全面接管破产财产，并对其负责的专门机构，进行破产财产的保管、清理、估价、处理、分配等。破产管理人或清算组一般由在当地高级人民法院破产管理人名册中备案的审计事务所、律师事务所、评估机构等担任。企业一旦进入破产程序，原有的法定代表人、董事、监事、企业高管等便不再行使原有职权，破产管理人对企业进行全面管理，因此成为破产管理人意味着要对企业在注销登记前的一切事务统筹负责，需要专业性的、规模化的专门机构来承担该职责。破产企业的营业执照、公章、会计账簿、合同、流动资金、人事档案等所有资料都要交给管理人。由管理人对其进行审核评估，自己或者委托专业机构对破产企业的剩余财产进行分配、处分，对破产企业尚未解除劳动关系的员工进行安置、赔偿，对于破产企业尚未履行完毕的合同进行终止或继续履行。

4. 由人民法院负责召开债权人会议

在债权人申报破产申请期满后 15 日内，根据《企业破产法》第六十二条规定，三种情况下可以召开债权人会议，分别是：人民法院认为有必要召开、破产清算人认为有必要召开、无担保债权总额四分之一以上的债权人认为有必要召开。由人民法院负责拟定第一次债权人会议议程，通知债权人、企业法定代表人、破产管理人、审计人员等到会，召开第一次债权人会议。债权人会议的决议必须由出席会议有表决权的债权人半数以上通过，并且其所代表的债权额也必须占无财产担保债权总额的半数以上，才能达成有效的债权人会议决议，债权人会议的决议一经通过则对全体债权人具有约束力。

5. 统计财产进行清算分配

人民法院指定的管理人对企业剩余财产、债权债务完成统计后，对财产进行清算分配。破产财产分配文案包括破产财产总额、构成、应优先拨付的破产费用、所欠员工工资、社会保险等；最终，进入财产分配程序，由清算组提出破产财产分配方案，再经过债权人会议讨论通过后，报请法院裁定、执行。

6. 破产程序终止

所有的财产分配完毕，破产企业再无财产可分配的情况下，由破产管理人向人民法院提交分配报告，并申请人民法院裁定终结破产程序。破产程序终结后的 10 日内，管理人办理公司注销登记，至此所有破产程序完结。

四、企业破产的管辖归属与申请费用

所谓的企业破产管辖权,通常讲的是由哪个法院来受理企业的破产申请。破产案件的管辖一般分为地域管辖和级别管辖。

根据最高人民法院《关于审理企业破产案件若干问题的规定》第一条的规定,企业破产案件由债务人住所地人民法院管辖,债务人住所地是指企业主要办事机构所在地,当企业的注册地与主要办事机构所在地不一致时,以后者为准;债务人无办事机构的,由其注册地人民法院管辖。根据《企业破产法》的规定,地域管辖是由破产案件债务人住所地人民法院管辖,根据《中华人民共和国民法典》第六十三条和《中华人民共和国民事诉讼法》的规定,企业以及主要办事机构所在地为住所地,这里的住所可以理解为企业的实际办公地,如果不能确定为公司的注册地和实际办公地,以企业营业执照上的登记为准。

《企业破产法》第三条"破产案件由债务人住所地人民法院管辖"、《最高人民法院关于执行案件移送破产审查若干问题的指导意见》第三条"执行案件移送破产审查,由被执行人住所地人民法院管辖",均规定以"债务人住所地"来确定破产案件地域管辖。然而,在社会经济活动中,往往出现企业注册地、办公地、经营地诸多不一致的情况。这时,我们将如何判断债务人住所地呢?

例如,企业 A 如果在某市 B 区办公楼办公,按照地域管辖,A 企业的破产管辖权应该在 B 区的基层法院。如果 A 企业的地址不明确,A 企业的破产管辖权应该就在 A 的营业执照上的登记地的基层人民法院。

级别管辖，根据《最高人民法院关于审理企业破产案件若干问题的规定》之第二条的规定，县、县级市或区的工商行政管理机关核准登记的破产案件由基层人民法院管辖，地区、地级市以上，工商行政管理局核准登记的企业破产案件和纳入国家计划调整的企业破产案件由中级人民法院管辖。

举个例子，企业 A 的营业执照的登记机关是浙江省台州市市场监督局，A 公司的企业破产就要到台州市的中院去申请，而不是到注册地的基层人民法院申请。

通过以上规定可知，将主要办事机构所在地登记为住所，是法人或者其他组织的一项基本义务，故在通常情况下，债务人住所地应为法人或者其他组织的注册地或者登记地，即由注册地或者登记地人民法院管辖；但确有证据证明，债务人的办事机构所在地与注册地或者登记地不一致的，亦可由债务人的办事机构所在地人民法院管辖。

破产案件的诉讼费用主要包括破产案件本身的申请费、破产案件本身的其他诉讼费用以及在破产程序中发生的涉及破产财产的其他案件的诉讼费用等三大类。

《企业破产法》第四十一条规定，申请破产清算的案件受理费属于企业的破产费用，人民法院受理破产申请后发生的下列费用，为破产费用：

（1）诉讼费用；

（2）管理、变价和分配债务人财产的费用；

（3）管理人执行职务的费用、报酬和聘用工作人员的费用。

由此可见，公司并不需要预缴受理费，而是在破产清算完毕后，用清算所得财产缴纳案件受理费。

具体应交多少的费用呢？《诉讼费用交纳办法》第十三条也作出了相应的规定，财产案件根据诉讼请求的金额或者价额，按照下列比例分段累计缴纳：

（1）不超过1万元的，每件缴纳50元；

（2）超过1万元至10万元的部分，按照2.5%缴纳；

（3）超过10万元至20万元的部分，按照2%缴纳；

（4）超过20万元至50万元的部分，按照1.5%缴纳；

（5）超过50万元至100万元的部分，按照1%缴纳；

（6）超过1000万元至2000万元的部分，按照0.6%缴纳；

（7）超过2000万元的部分，按照0.5%缴纳。因此，企业破产清算的剩余财产越多，需要缴纳的受理费也就越高。

人民法院受理破产申请后发生的诉讼费用，属于破产费用，从债务人财产中拨付，由债务人财产随时清偿。相关当事人以申请人未预先交纳诉讼费用为由，对破产申请提出异议的，人民法院不予支持。

五、申请主体与申请相关书面证据

破产申请的提出和受理，在我国破产法中构成破产独立阶段。破产申请是当事人或利害关系人向法院提出的请求债务人依破产程序清偿债务的申请。一般意义上，享有提出破产申请权利的人被称为破产申请权人，债权人与债务人构成破产申请的基本权利主体。由债务人提出破产申请的破产程序被称为"自愿破产"，而由债权人提出破产申请的破产程序则被称为"非自愿破产"。

企业破产申请主体通常是企业的法定代表人、股东、债权人或者其他利害关系人。具体来说，以下是几种常见的企业破产申请主体：

（1）企业法定代表人。企业法定代表人是企业的法定代表，有权代表企业进行破产申请。

（2）股东。股东是企业的出资人，如果企业出现了破产危机，股东可以通过破产申请来保护自己的利益。

（3）债权人。债权人是企业的债务人，如果企业无法偿还债务，债权人可以通过破产申请来追回自己的债权。

（4）金融监管机构和行政清理组商业银行、证券公司、保险公司等金融机构也是法人主体，其具有破产能力，根据我国《企业破产法》第一百三十四条的规定，商业银行、证券公司、保险公司等金融机构有本法第二条规定情形的，国务院金融监督管理机构可以向人民法院提出对该金融机构进行重整或者破产清算的申请。

（5）其他利害关系人。除了上述主体外，还有其他与企业有利害关系的人，如员工、供应商、客户等，也可以根据自己的利益来申请企业破产。

《企业破产法》第八条第一款规定，向人民法院提出破产申请，应当提交破产申请书和有关证据；第三款规定债务人提出申请的，还应当向人民法院提交财产状况说明、债务清册、债权清册、有关财务会计报告、职工安置预案以及职工工资的支付和社会保险费用的缴纳情况。

破产申请书应当载明以下事项：

（1）申请人、被申请人的基本情况。包括申请人和被申请人的名称（姓名）、地址（住址）、法定代表人或者负责人的姓名、登记机关、委托代理人姓名及单位、债务人的法人营业执照等。

（2）申请目的。包括请求人民法院裁定债务人重整，或者请求人民法院宣告债务人破产清算。债务人提出的，还包括提出和解申请。

（3）申请的事实和理由。申请的事实和理由是指破产原因存在的事实和申请破产的法定理由。债务人提出申请的，应当说明不能清偿到期债务，并且资产不足以清偿全部债务或者明显缺乏清偿能力的原因和事实。债权人提出申请的，应当说明债务人不能清偿到期债务的事实和理由。当事人提出申请的，应当提交有关证据，如能够证明债权清偿期已经届满，债权人已经提出清偿要求，债务人明显缺乏清偿能力或者停止支付是连续状态的证据，包括合同、借据等。

相关的证据材料包括以下内容：

（1）企业财务报表。包括资产负债表、利润表、现金流量表等，证明企业已经无法偿还债务。

（2）债权人名单。列明所有债权人的名称、债务金额、欠款期限等详细信息。

（3）企业营业执照、税务登记证等证照复印件。

（4）企业银行账户流水。证明企业已经无法继续经营。

（5）其他相关证据。如企业经营计划、债务重组方案等。

申请破产提交的任何材料要确保真实有效，申请人可以在破产重整案件信息平台实名注册后申请预约立案并提交相关材料电子文档。申请人在该平台网上预约提交申请和相关材料电子文档后，法院经审查符合立案条件的，将以电子邮件、移动通信、电话等方式告知申请人，另行以邮寄、现场等方式提交书面的申请材料。人民法院认为需要补充材料的，申请人可在规定时间内补充在线提交。

六、破产申请的撤回与驳回

破产申请被人民法院受理后，申请人是否得以申请撤回，以及人民法院在什么情况下得以驳回申请，基于《企业破产法》和相关司法解释的明确规定，这似乎是一个没有争议的问题。然而，实践的丰富性提示我们任何原则之外都应当有合理的例外。破产申请的撤回是指企业在破产申请已经提交但未被法院受理前，主动向人民法院申请撤回破产申请的行为。企业在撤回破产申请时需要向人民法院提交书面申请，并说明撤回的原因。如果人民法院同意撤回申请，破产申请就被撤销了。

关于破产申请的撤回，《企业破产法》第九条已经明确规定："人民法院受理破产申请前，申请人可以请求撤回申请。"该条文亦清楚地表明，在受理破产申请前可以撤回，那么之后撤回显然是不可以的。当然，实践中也有法院允许，理由是法律没有明确规定受理后不能撤回。这种理解仅从逻辑上看似有合理性，但它不过是应对实践问题的无奈，并非对法律的正确解释。

根据破产法相关规定，在法院裁定受理破产重整和破产清算之前，申请人可以在任何时候撤回申请，但是一旦法院裁定受理破产清算破产程序，那么就不受申请人的控制，如果经人民法院审查发现该企业不具有破产原因，可以裁定驳回申请。如果全体债权人和债务人达成了一致协议也可以终结破产程序，但是是否准许申请人撤回申请，那要经过人民法院审查。递交破产申请之日开始，30天之内是人民法院的受理时间，在受理之前，如果企业申请破产后悔了可以撤销。对于撤销，人民法院是有规定的，如果申请了撤销，一年之内就不能再申请了。

关于驳回，《企业破产法》第十二条第二款规定："人民法院受理破产申请后至破产宣告前，经审查发现债务人不符合本法第二条规定情形的，可以裁定驳回申请。"最高人民法院《关于审理破产案件若干问题的规定》第十四条、第十二条对于应当驳回申请的情形增加了以下三项：债务人有隐匿、转移财产等行为，为逃避债务而申请破产的；债权人借破产申请毁损债务人商业信誉，意图损害公平竞争的；债务人财产下落不明且不能合理解释财产去向的。从这些规定看，驳回申请的情况限于实际上的原因，主要是避免破产程序被滥用于欺诈，并不包括程序上的原因。

所以，驳回是指人民法院在审理企业破产申请后，认为该企业不符合破产法的相关规定，或者破产申请不符合法律规定，而拒绝受理该企业的破产申请。企业在遭到人民法院驳回破产申请后，可以向上级人民法院提起上诉，或者重新整理财务状况后再次提交破产申请。

总的来说，企业在破产申请过程中，如果发现自己不符合破产法的相关规定，或者财务状况有所改善，可以主动向人民法院申请撤回破产申请；如果人民法院认为企业不符合破产法的相关规定，或者破产申请不符合法律规定，就会驳回破产申请。

七、破产申请的受理流程

人民法院自收到破产申请之日起 5 日内会通知已知债权人、债务人和破产事务管理部门并公开破产申请信息。债务人对债权人的申请有异议的，应当自收到法院通知之日起 7 日内向人民法院提出。

如果债权人和债务人向人民法院提交了破产申请，人民法院接下来需要履行的程序就是审查破产申请。具体审查的期限是自申请之日起 30 日内要作出审查的结果。所以，具体审查的期限是从受理申请之日起到 30 日内。在特殊情况下，根据院长的批准，可以再延长 15 日，也就是最长的一个审查期限是 45 日。法院对破产申请审查主要是以书面审查为原则，审查的内容就是破产申请人按照破产申请材料清单所提交的相应申请材料。如果相应的事项比较复杂，比如债权债务关系比较复杂，涉及这个债权人的人数比较复杂等事项时，可以采取听证会的方式来进行听证审查。

在受理流程里，包括两个方向：一是受理不成立，人民法院会通过申请人，要么不受理，要么驳回，申请人可上诉；二是受理成立，人民法院会指定管理人，通过债权人并进行公告。债权人申报债权的时间是 1 个月至 3 个月，债权人可申请重整，债务人可申请和解。

人民法院根据破产申请人的情况，决定进行破产清算或重整。破产清算是指将企业或个人的财产进行清算，用于偿还债务；重整是指通过调整企业或个人的债务和资产，使其能够继续经营或生活。

接下来，人民法院会对破产管理人进行任命：人民法院任命破产管理人，负责管理和处置破产申请人的财产。人民法院组织债权人会议，讨论破产清算或重整方案，并决定是否批准。人民法院根据债权人会议的决定，执行破产清算或重整方案。破产清算或重整完成后，人民法院宣布破产程序结束。

需要注意的是，破产程序的具体流程可能因地区和案件性质的不同而有所不同。

第三章
破产管理人的任免与职责

一、什么是破产管理人

　　破产管理人是指在企业破产或清算时，由人民法院或债权人委任的负责主持整个破产或重整流程执行的专业人士，负责管理和处置企业的资产，以最大限度地保护债权人的利益。破产管理人的职责包括评估企业的财务状况、制定破产清算方案、管理企业的资产、处理债权人的索赔、协调各方利益关系等。破产管理人需要具备财务、法律、管理等方面的专业知识和经验，以确保破产清算过程的公平、公正和高效。

　　管理人是破产程序的主要推动者和破产事务的具体执行者，管理人的能力和素质不仅影响破产审判工作的质量，还关系到破产企业的命运与未来发展。依照《企业破产法》第十三条、第二十四条之规定，人民法院裁定受理破产申请的，应当同时指定管理人，或者依法设立的律师事务所、会计师事务所等社会中介机构担任。

　　破产管理人是独立于债务人和债权人的第三方，接受人民法院的指导，实际上需要公平、公正地处理破产企业以及相关方的各项诉求，主要做破产企业的资产、负债清查和分配破产财产工作，既要维护债权人的利益，同时也要维护债务人的利益。当两者利益发生冲突的时候，比如在审查债权时，债权人当然希望自己的债权金额越大越好，而债务人则反之。诸如此类的情况下，就非常考验管理人的智慧和能力。破产管理人作为公平、公正的第三方，不能存在偏袒和有失公允的情况。依照《企业破产法》的规定，在重整程序中债务人财产管理的组织机构处理和有关管理人应当由人民法院指定。债权人会议认为管理人不能依法公正执行职务，或者有其他不能胜任职务的情况时，可以申请人民法院更换管理人。

破产管理人向人民法院报告工作，接受债权人会议和债权人委员会的监督，依照《企业破产法》的规定履行法定职责，包括接管债务人的财产、印章和账簿、文书等资料，决定债务人的内部管理事务，管理和处分债务人的财产等。

管理人制度直接关系到破产程序是否公正、高效。因此，管理人必须具备完成破产管理工作的能力，同时，管理人必须独立于各利害关系人之外，以此保持中立性。在司法实践中，律师事务所、会计师事务所、清算事务所、税务师事务所、金融资产管理公司都可以担任破产管理人，个别地区也将企业顾问公司纳入管理人名册。

二、管理人的指定与更换

企业破产管理人是在企业破产清算、重整或者破产和解过程中，由人民法院指定的专业人士，负责管理和处置企业的财产，保护债权人的利益，促进企业破产清算、重整或者破产和解的顺利进行。

企业破产管理人的指定一般由人民法院进行，人民法院会根据相关法律规定和程序，选定符合条件的专业人士担任企业破产管理人。

在某些情况下，债权人或者其他相关方也可以向人民法院申请更换企业破产管理人，例如，当原管理人无法履行职责或者存在利益冲突等情况时。

人民法院会对申请进行审核，确认是否符合相关法律规定和程序，以及是否有足够的理由更换企业破产管理人。如果人民法院认为更换企业破产管理人是必要的，就会根据相关程序和规定，选定新的企业破产管理人，并通知相关方。

企业进入了破产重组程序中，如果管理人在程序中不勤勉尽职，不忠实执行职务，导致企业复工复产无望，还给企业带来直接损失，侵害了企业债权人、出资人、职工的利益，这样的管理人就需要被更换。变更不尽职管理人，有三种方式。

1.人民法院依职权更换

依据《最高人民法院关于审理企业破产案件指定管理人的规定》第三十三条、第三十四条，规定了人民法院依债权人会议申请或依职权变更社会中介机构管理人、个人管理人的情形：

（1）与本案有利害关系；

（2）履行职务时因故意或重大过失导致债权人利益受到损害；

（3）丧失执业资格或者能力，包括社会中介管理人被吊销、解散，个人管理人被取消资格、丧失行为能力等，人民法院会依职权对管理人进行更换。

2.债权人会议申请变更

根据《企业破产法》第二十二条之规定，债权人会议认为管理人不能依法公正执行职务，或者有其他不能胜任职务情形的，可以申请人民法院予以更换。债权人掌握了管理人不尽职的相关证据后，应通过债权人会议行程变更管理人的决议，会议审议通过后再向人民法院申请变更管理人。根据《最高人民法院关于审理企业破产案件指定管理人的规定》第三十三条、第三十条的规定，人民法院依职权可以变更管理人的情形。第一种是管理人与本案有利害关系；第二种是在履行职务时，因故意或重大过失导致债权人利益受到损失；第三种是管理人的执业资格被取消。

管理人未能勤勉尽责，未能忠实执行职务，或者丧失执业资格、能力，甚至当因管理人故意或重大过失导致债权人利益受到损害时，债权人有权申请法院更换管理人，人民法院也可以依职权变更管理人。

3. 管理人主动申请辞去职务

原则上，破产管理人是不能自行辞去职务的，但根据《企业破产法》第二十九条规定，管理人如果觉得不愿意当管理人，要有"正当理由"，得到人民法院的许可可以辞去管理人职务。所以，如果管理人有不得已的理由，可以向人民法院申请。破产管理人在整个破产程序中，担任了极其重要的角色，是沟通人民法院、债权人、债务人、投资人的纽带，应当勤勉尽职。在实务中管理人一般都是律所，因为律师缺乏企业的经营能力或者为了自身的私利故意造成的过失，导致债权人、债务人的利益受到侵害，因此，如果发现管理人出现问题，债权人和债务人可以根据相关法律合理合法地更换管理人来维护自己的合法权益。

需要注意的是，企业破产管理人的更换一般需要经过人民法院的审批和确认，不能随意更换。同时，企业破产管理人在履行职责时，应当遵守相关法律规定和职业道德，保护债权人的利益，促进企业破产清算、重整或者破产和解的顺利进行。

企业破产管理人的更换需要满足以下条件：

（1）企业破产管理人因故不能履行职责或者因其他原因需要更换时，应当经过破产管理机构的决定并报破产法院批准；

（2）新任企业破产管理人的资格条件应当符合相关法律法规的规定，并通过破产法院的审查；

（3）更换企业破产管理人应当按照既定程序进行，确保破产清算工作的顺利进行。

总之，更换企业破产管理人需要严格按照法律法规和程序进行，以保证破产清算工作的有效开展。

三、管理人任职资格与报酬

破产管理人选任制度是为管理人队伍设置准入门槛，将不符合条件的机构和人员排除在外，而破产管理人报酬制度的优化则可以吸引更多高素质的机构和人员加入破产管理人队伍，两者均是破产管理人制度的重要内容。

破产管理人具备什么样的任职资格由法律规定，这种任职资格包括以下三个方面：

1. 知识条件

知识条件是破产管理人任职的首要条件，因为企业破产涉及金融、税务、法律、财产分割等多方面的专业知识，如果管理人不具备专业的破产知识是无法有效帮助企业破产程序有序、合法、科学地进行的。因此，知识条件是任职资格中最关键的基础。专业管理人首先要具备法律知识，凡是关于管理和处置财产、清偿债务等都会涉及法律方面的知识，如果不具备法律专业知识，是无法胜任管理人这一职责的。其次是财务知识，比如包括审计、会计、金融等方面的专业知识。破产管理人对破产财产进行评估、变价处理以及对破产财产进行分配等，都需要相应的财务知识，如果不具备财务专业知识，就不可能胜任破产管理工作。

2. 经验条件

破产管理人虽然需要法律和财务方面专业的知识，但也非常看重其经验的积累，也就是办理过破产程序的人往往更具备担任管理人的资格。尤其是在企业破产程序中实现重整程序的，更需要具备商业经验。没有相应的商业经验，就难以胜任破产管理工作。这种商业经验需要通过工作阅历进行积累。

3. 品行条件

破产管理人作为债权人、债务人以及法院之间的桥梁和纽带，是处于受托人的位置，扮演为别人解决麻烦的角色，受人之托忠人之事，品行条件也就成了衡量破产管理人是否有资格担任的硬性条件。一个具备良好个人素质和信誉的专业人士，往往更适合担任破产管理人。

《企业破产法》第二十四条规定，管理人可以由有关部门、机构的人员组成的清算组担任。对于一些特殊企业的破产案件，由清算组担任破产管理人，虽然在中立性、专业性、独立性等方面不如由社会中介服务机构担任破产管理人有优势，但是，由有关部门、机构人员组成清算组担任破产管理人，在破产企业职工安置、协调资源、资产清算等方面却具有由社会中介服务机构担任破产管理人所不可比拟的优势。另外，社会中介服务机构也可以担任破产管理人，人民法院也可以指定具备担任破产管理人资格的社会中介服务机构担任。具备相应条件的自然人具备担任破产管理人的资格，但只能在"事实清楚、债权债务关系简单、债务人财产相对集中的破产案件"中担任破产管理人，而且必须参加执业责任保险，以提高责任能力。

对于破产管理人的选任，从国际范围上来看，一般有三种不同的模式。

1. 人民法院选任

人民法院选任也就是指破产管理人由人民法院来确定，由人民法院自行选任或指定。这种模式不受债权人干涉，管理人对人民法院负责并接受监督。如果债权人对管理人不满意的话，不能直接否决，只能请求人民法院撤换，是否能够达到债权人撤换的目标，由人民法院自主决定。人民法院选任模式的优点在于人民法院在破产管理中拥有主导地位，避免因为各方意见不一致而导致管理人无法及时作出决断，能够提高破产程序的推进效率。同时，管理人受人民法院监督能够更加中立，避免因为偏向引起利益方的冲突。但这种模式也有其弊端，首先不能体现债权人的共同意志，在保护债权人权益上会出现偏差。法院选任破产管理人在实践中如果做不到大公无私，会对法院所代表的公权力产生一定的负面影响。

2. 债权人会议选任

债权人会议选任也称为意思自治主义模式，指由债权人通过会议来确定选择破产管理人。这种模式代表了债权人的共同意志，优点首先是能够保护债权人利益，同时能够防止人民法院选任下可能产生的权力腐败问题。但其弊端是选任程序复杂，无法及时选出管理人而影响破产程序的有效及时推进。另外，债权人公议采取的是少数服从多数的原则，有可能会对一些中小债权人利益产生影响，导致管理人在选任上的不公平现象。

3. 人民法院选任与债权人会议相结合的模式

该模式也称为折中主义模式。折中主义模式有利于克服职权主义和意思自治主义模式的弊端，但实践中并非如此，也很少出现人民法院所确定的破产管理人因债权人会议另行选任而被取代的情况。

在我国，对于破产管理人的选任是由人民法院指定的。债权人会议认为管理人不能依法公正执行职务或者有其他不能胜任职务情形的，可以申请人民法院予以更换。人民法院在指定破产管理人方面也有四种方式。

1. 随机模式

人民法院对于管理人名册所列出名单采取轮候、抽签、摇号等方式公开指定管理人，能够给予破产管理人均等的机会，实现形式上和实质上的结果公平。

2. 竞争模式

《最高人民法院关于审理企业破产案件指定管理人的规定》第二十一条规定："对于商业银行、证券公司、保险公司等金融机构或者在全国范围有重大影响、法律关系复杂、债务人财产分散的企业破产案件，人民法院可以采取公告的方式，邀请编入各地人民法院管理人名册中的社会中介机构参与竞争，从参与竞争的社会中介机构中指定管理人。一般参与竞争的机构不得少于三家。"

3. 推荐模式

《最高人民法院关于审理企业破产案件指定管理人的规定》第二十二条规定："对于经过行政清理、清算的商业银行、证券公司、保险公司等金融机构的破产案件，人民法院除可以按照本规定第十八条第一项的规定指定管理人外，也可以在金融监督管理机构推荐的已编入管理人名册的社会中介机构中指定管理人。"

4. 指定模式

《最高人民法院关于审理企业破产案件指定管理人的规定》第十八条规定："企业破产案件有下列情形之一的，人民法院可以指定清算组为管理人：

（1）破产申请受理前，根据有关规定已经成立清算组，人民法院认为符合本规定第十九条的规定；

（2）审理《企业破产法》第一百三十三条规定的案件；

（3）有关法律规定企业破产时成立清算组；

（4）人民法院认为可以指定清算组为管理人的其他情形。"

第十九条规定："清算组为管理人的，人民法院可以从政府有关部门、编入管理人名册的社会中介机构、金融资产管理公司中指定清算组成员，人民银行及金融监督管理机构可以按照有关法律和行政法规的规定派人参加清算组。"

由于破产管理人要履行破产管理职责，并且承担大量的工作，付出了劳动，得到报酬既合理又合法。向破产管理人支付服务报酬是各国各地区破产法的通例，那么，破产管理人的报酬又是怎样的呢？

破产管理人的报酬，始于破产管理人被指定担任破产管理人履行破产管理职责起。在实际事务中，有下列情形的归为破产费用，而不得列支破产管理人酬金：

（1）破产管理人为工作需要聘用的工作人员的费用，这个费用属于企业成本性费用支出，不能算在管理人报酬中。

（2）破产管理人管理、变价和分配债务人财产的费用。例如，管理费（收集、调查、保管、清理等）所必须支出的费用；变价费用（估价费、鉴定费、公证费、拍卖费、执行费等）；分配费用（财产分配表的制作、公告、通知、提存等）。这些费用都属于企业成本性支出。

（3）破产管理人执行职务的费用。主要包括债务人财产状况的调查。制作财产状况报表所需要的费用，召集债权人会议所需要的费用，决定债务人日常开支及其他必要开支所需要的费用等。

（4）管理人消除担保债权而获得报酬。债权人对债务人的特定财产享有担保物权，可以行使优先受偿权，但当担保财产为破产管理人占有时，债权人欲实现优先受偿权，则必须通过破产管理人。破产管理人需要为此付出合理劳动，理应获得相应报酬。破产管理人的此种报酬，仅为担保权人的利益，而不是为了全体债权人的利益，所以不能列支破产管理人酬金的范畴，应由担保权人支付。

世界各国对于破产管理人的报酬的确定分为两种，分别是按时计酬（管理人工作的时间越长得到的酬金越高）和按财产标的计酬（以债务人最终可分配财产的价值总额作为依据）。

《最高人民法院关于审理企业破产案件确定管理人报酬的规定》第二条规定："人民法院应根据债务人最终清偿的财产价值总额，在以下比例限制范围内分段确定管理人报酬：（1）不超过一百万元（含本数，下同）的，在12%以下确定；（2）超过一百万元至五百万元的部分，在10%以下确定；（3）超过五百万元至一千万元的部分，在8%以下确定；（4）超过一千万元至五千万元的部分，在6%以下确定；（5）超过五千万元至一亿元的部分，在3%以下确定；（6）超过一亿元至五亿元的部分，在1%以下确定；（7）超过五亿元的部分，在0.5%以下确定。担保权人优先受偿的担保物价值，不计入前款规定的财产价值总额。高级人民法院认为有必要的，可以参照上述比例在30%的浮动范围内制定符合当地实际情况的管理人报酬比例限制范围，并通过当地有影响的媒体公告，同时报最高人民法院备案。"

破产管理人的报酬一是由人民法院确定，二是由债权人会议确定。如果债权人对管理人酬金有异议的，可以向当地人民法院书面提出请求和理由。在确定管理人酬金方面要综合根据案件的复杂性、管理人的尽职程度、对破产管理作出的贡献、承担的责任和风险等进一步具体化。债权人或管理人对报酬有意见的，可以进行调整。在向管理人支付报酬方面，可以采取分期支付，也可以最后一次性支付，由人民法院根据具体情况决定。

四、破产管理人的职责

破产管理人作为破产程序中的重要参与主体，承担了大量事务性的工作，既承担了债权人的集体活动组织工作，又承担了债务人日常事务管理工作，因此，破产管理人处于"中心"地位。在企业破产程序启动中，管理人的职责一般包括以下四个方面：

1. 接管企业

接管企业包括接管债务人的财产、印章和账簿、文书等资料，也就是破产管理人代替企业管理层对企业实施管控。债务企业的财产包括但也不限于现金、银行存款、有价证券、固定资产、流动资产、股权以及知识产权等相关资产凭证等。债务人的各种印章包括但不限于公章、财务章、人事章、合同章、行政章、发票专用章、法人印章及电子印章等。账簿、文书包括债务人企业营业执照、税务登记证、房地产证、各类章程、合同、会议类记录、人事档案、诉讼、仲裁等法律事务材料。管理人只有完全接管了债务人企业，才能更好地开展破产管理工作。

2. 调查财务状况

在破产管理程序中，查明债务人财产状况是管理人接受人民法院指定后的最重要的工作之一。调查财务状况的重点是财产管理和债权审核。财务管理就是要保护和管理债务人的全部财产以防出现不当损害，如被盗、被水、火等侵害，并出具财产状况报告。债权人会议在作出一些决议时需要以管理人提交的财产状况报告为依据，人民法院在审理破产案件时对一些重大事项判断也以管理人出具的财产状况报告为依据。所以，债权审核是破产管理人对破产债权人所申报的破产债权的合法性进行审查，以明确债权的性质、种类、法律效力状况等，并依法向债权人会议报告。同时，破产管理人要对代表债务企业管理者行使权利，向第三人主张权利并代表债务人参加诉讼、仲裁或者其他相关法律程序。一般债权人会议的组织联络也需要基于中立身份的管理人来提供相应的服务等工作。

3. 决定债务人的内部管理事务

破产管理人对于债务人的内部管理一般包括财务管理，如开展财务审计、控制银行账户和追索应收账款；资产管理，如固定资产和流动资产管理、无形资产和投资资产管理，不动产和在建工程管理等；人员管理，如企业留守人员管理、人事档案的管理和下岗职工的安置。

在内部管理中，破产清算组一般会设立以下几个小组：

（1）综合组，起组织、指挥、协调、管理、监督、检查等作用；债权组，由专业律师和相关人员组成，负责制定债权登记、债权申报、处理有异议的债权、审核债权人提出的抵销权和取回权、处理抵押权和担保权等。

（2）资产组，主要负责破产企业资产清查和管理方面的事务，主要职责包括制定资产清查方案、对企业进行全面清查、保管有关财产凭证、清收和追收债务人的对外投资、负责破产财产权属证书的完善和应对确权纠纷、执行破产财产处理方案如拍卖、变现等过户登记手续。

（3）诉讼组，负责债务企业有关诉讼事务，大部分由专业律师和相关人员组成，主要负责制定诉讼、仲裁案件的办案流程、处理涉及债务人的诉讼和仲裁事务、出具法律意见、处理财产保全事宜。

（4）职工安置组，由熟悉劳动法律法规及相关政策人员组成，主要负责制定职工安置方案、负责职工接待、负责与劳动部门衔接。

4.管理和处分债务人的财产

破产管理人接管了债务人的企业以后，一方面要管理财产不受损失，另一方面要设法增加债务人的财产价值。对于财产和权利的处分，决定债务人未履行的合同的解除或继续履行；向取回权交还财产；向别除权人交付担保物；承认抵销权人的抵销主张；支付破产费用和共益债务；等等。

破产管理人虽然受人民法院指定，但在管理职责上具有专属性，人民法院不代替管理人做决定，管理人也不得将其职责转让给他人。管理人擅自将职责转让给他人的，其转让行为无效。人民法院应当对此加以纠正，必要时可以更换管理人。管理人因转让职责给债权人、债务人和其他利害关系人造成损害的，管理人及受让人应当承担相应的法律责任。

破产管理人除以上列举的职责外，在《企业破产法》其他条款中还规定了相应的职责，具体如下：

1.追缴出资

《企业破产法》第三十五条之规定："人民法院受理破产申请后，债务人的出资人尚未完全履行出资义务的，管理人应当要求该出资人缴纳所认缴的出资，而不受出资期限的限制。"

2.追回被侵占的财产

《企业破产法》第三十六条之规定："债务人的董事、监事和高级管理人员利用职权从企业获取的非正常收入和侵占的企业财产，管理人应当追回。"

3.提请人民法院终结破产程序

《企业破产法》第四十三条之规定："债务人财产不足以清偿破产费用

的，管理人应当提请人民法院终结破产程序。"

4. 特殊债权的调查与公示

《企业破产法》第四十八条之规定："债务人所欠职工的工资和医疗、伤残补助、抚恤费用，所欠的应当划入职工个人账户的基本养老保险、基本医疗保险费用，以及法律、行政法规规定应当支付给职工的补偿金，不必申报，由管理人调查后列出清单并予以公示。"

5. 审查申报的债权与材料的保存

《企业破产法》第五十七条之规定："管理人收到债权申报材料后，应当登记造册，对申报的债权进行审查，并编制债权表。债权表和债权申报材料由管理人保存，供利害关系人查阅。"

6. 制作重整计划草案，同时负有向法院提交及向债权人会议说明的职责

《企业破产法》第八十条之规定："管理人负责管理财产和营业事务的，由管理人制作重整计划草案。"

《企业破产法》第七十九条第一款之规定："债务人或者管理人应当自人民法院裁定债务人重整之日起六个月内，同时向人民法院和债权人会议提交重整计划草案。"

《企业破产法》第八十四条第三款之规定："债务人或者管理人应当向债权人会议就重整计划草案作出说明，并回答询问。"

7. 向人民法院提出批准重整计划的申请

《企业破产法》第八十六条第二款之规定："自重整计划通过之日起十日内，债务人或者管理人应当向人民法院提出批准重整计划的申请。"

8. 监督与报告重整计划的执行

《企业破产法》第九十条之规定："自人民法院裁定批准重整计划之日

起，在重整计划规定的监督期内，由管理人监督重整计划的执行。在监督期内，债务人应当向管理人报告重整计划执行情况和债务人财务状况。"

9. 拟订破产财产变价方案，适时变价出售破产财产

《企业破产法》第一百一十一条之规定："管理人应当及时拟订破产财产变价方案，提交债权人会议讨论。管理人应当按照债权人会议通过的或者人民法院依照本法第六十五条第一款规定裁定的破产财产变价方案，适时变价出售破产财产。"

10. 拟订破产财产分配方案，提交债权人会议讨论，并在通过后提请法院认可

《企业破产法》第一百一十五条之规定："管理人应当及时拟订破产财产分配方案，提交债权人会议讨论。债权人会议通过破产财产分配方案后，由管理人将该方案提请人民法院裁定认可。"

11. 执行破产财产分配方案

《企业破产法》第一百一十六条之规定："破产财产分配方案经人民法院裁定认可后，由管理人执行。"

12. 特殊债权分配额的提存与处理

《企业破产法》第一百一十七条之规定："对于附生效条件或者解除条件的债权，管理人应当将其分配额提存。管理人依照前款规定提存的分配额，在最后分配公告日，生效条件未成就或者解除条件成就的，应当分配给其他债权人；在最后分配公告日，生效条件成就或者解除条件未成就的，应当交付给债权人。"

《企业破产法》第一百一十八条之规定："债权人未受领的破产财产分配额，管理人应当提存。债权人自最后分配公告之日起满两个月仍不领取的，视为放弃受领分配的权利，管理人或者人民法院应当将提存的分配额

分配给其他债权人。"

13. 请求破产程序的终结与注销

《企业破产法》第一百二十条之规定："破产人无财产可供分配的，管理人应当请求人民法院裁定终结破产程序。管理人在最后分配完结后，应当及时向人民法院提交破产财产分配报告，并提请人民法院裁定终结破产程序。"

《企业破产法》第一百二十一条之规定："管理人应当自破产程序终结之日起十日内，持人民法院终结破产程序的裁定，向破产人的原登记机关办理注销登记。"

五、债务人不配合破产管理人如何应对

　　破产管理人在接受了人民法院指定走马上任以后，需要找相关单位人员了解企业的财产、债权债务等情况。那么，有人要问了，破产企业的相关人员会乖乖接受破产管理人提出的要求，积极配合吗？

　　在破产程序中，对债务人进行接管是至关重要的一环，是管理人了解债务公司最直接有效的方式，它关系到后续债权审查核对、资产评估处置等。但债务人的有关人员不配合甚至妨碍管理人对债务人进行接管，从而拖延案件进程，增加管理人履职风险的情况屡见不鲜。其主要原因在于大部分企业是经其债权人申请被动进入破产程序，企业有关人员出于保护"自有财产"的心态、对管理人的不信任、对破产相关制度认知的缺乏抑或是害怕因自身在经营过程中存在的违法违规行为而担责等，进而怠于履行交接义务，甚至是隐匿重要资料，故意阻拦管理人接管……此种情况之

下，管理人的工作显得极为被动。如果相关人员不配合，破产管理人该如何处理呢？

这就涉及了破产管理人的法律地位和权力。根据《企业破产法》第二十八条第一款之规定："管理人经人民法院许可，可以聘用必要的工作人员。"可知，管理人聘用工作人员是有"必要"作为限定条件的，那么该工作人员是否确为"必要"，就需要人民法院来认定许可才可聘用。实践中，管理人通常因短期内无法拥有接管企业、继续经营的能力，因此将该企业原经营管理人员聘回来。将原来的管理人员聘回来，就能解决企业中相关人员、相关事项不配合等难题。

现实中如果遇到破产企业相关人员拒不配合工作，依据《中华人民共和国公司法》的规定，可以对其进行限制和处罚。

（1）与债务企业相关人员进行反复沟通，了解其背后消极的原因。如果债务人为了保护自己的财产而对管理人抱有警惕心理，那么，管理人要阐明自己所处的立场、发挥的作用、接管的目的以及破产程序等，让债务人对破产流程和相关法律有清晰认知，可以消除抵触情绪。如果在动之以情、晓之以理的沟通下，债务人仍然不配合，可以向其发出口头警告。

（2）如果债务人不接受沟通，管理人可以向当地人民法院申请采取适当措施。比如，可申请法院约谈债务企业的相关人员，或由人民法院向债务人发送书面警告和"接管通知"，人民法院具有威慑力和公信力，能够对债务人不配合的态度产生积极的效果。人民法院也可以采取罚款、搜查、强制交付、拘留、限制出境等强制措施，情节严重的可追究其民事和刑事责任。

（3）为了预防债务人转移财产及印章失控等情况，管理人要及时在重整网、报刊或其他权威平台发布破产公告，函告各部门，及时作废公司执照和印章，以防止债务人转移财产给债权人带来利益损害。除了法律规定的债务人有义务配合管理人之外，管理人也可以从破产申请人、公司相关职工、有关部门企业登记信息等入手，逐渐形成关系网，对债务人的调查会更详细彻底，也能够联合向债务人施加压力，调查过程中能够不放过任何一个细节。

债务人有义务积极配合管理人进行清算，因为《企业破产法》第十五条第一款第一项规定："自人民法院受理破产申请的裁定送达债务人之日起至破产程序终结之日，债务人的有关人员承担下列义务：妥善保管其占有和管理的财产、印章和账簿、文书等资料。"

《企业破产法》第二十五条第一款规定了管理人应履行的职责：接管债务人的财产、印章和账簿、文书等资料。

《企业破产法》第一百二十七条规定："债务人违反本法规定，拒不向管理人移交财产、印章和账簿、文书等资料的，或者伪造、销毁有关财产证据材料而使财产状况不明的，人民法院可以对直接责任人员依法处以罚款。"

"直接责任人员"包括法人、财务管理人和其他经营管理人员。掌握着企业执照和印章的人员，破产管理人有权要求其配合进行移交。债务人有关人员拒不移交的，经管理人书面申请并经审查同意，人民法院可以视情节轻重单独或综合采取罚款、拘传、限制出境、司法拘留、限制高消费、失信惩戒等措施。

六、破产管理人的职权终止

破产管理人有被授权任命的时候，当然也会有职权终止的时候。一般破产管理人的职权终止包括三种情况，分别是职权履行完毕的职务终止、辞职和解任。

1. 职务终止

如果在破产清算程序中，人民法院对破产程序裁定终结之日起10日之内，管理人持人民法院终结破产程序的裁定，向破产人的原登记机关办理注销登记，登记完毕的次日，破产管理人的执行职务终止。如果破产企业存在诉讼和仲裁没有完全履行和决算的情况下，破产管理人不能终止执行职务，需要继续处理破产企业的遗留问题。

2. 辞职

破产管理人不同于普通职务，不可随便辞职。管理人辞去职务应当经人民法院许可，但特殊情况的除外。《企业破产法》第二十九条规定："管理人没有正当理由不得辞去职务。管理人辞去职务应当经人民法院许可。"管理人的辞职行为受到限制，主要是出于对破产案件处理效率等方面的考虑。如果管理人有正当理由的情况下可以辞职，如管理人因身体健康状况不能继续管理工作或者存在明显的回避事由等情况。管理人申请辞去职务未获人民法院许可，但仍坚持辞职并不再履行管理人职责，人民法院可以决定对管理人处以罚款，编制管理人名册的人民法院可以决定其担任管理人1年至3年，或者将其从管理人名册中除名。

3. 解任

对于无法胜任管理人职务的，通常需要经过人民法院的批准。在实践中，破产管理人的更换可以由债权人或股东提出申请，但必须经过人民法院的审查和批准。在审查过程中，人民法院会考虑破产管理人的资格、经验和专业能力等因素，以确保新任破产管理人能够有效地管理破产财产并保护债权人的利益。如果人民法院认为更换破产管理人是必要的，会下令更换，并指定一个新的破产管理人来接管破产财产。《企业破产法》第二十二条规定："债权人会议认为管理人不能依法、公正执行职务或者有其他不能胜任职务情形的，可以申请人民法院予以更换。"

【案例】

某市第一人民法院作出的"决定书"，案件事实为管理人在法院受理债务人破产清算申请前一年内接受过债务人的委托，代为办理过债务人财产转让事务，人民法院据此认为管理人与案件存在利害关系，依职权解除了管理人的职务。

《指定管理人规定》第三十三条规定，社会中介机构管理人有下列情形之一的，人民法院可以根据债权人会议的申请或者依职权径行决定更换管理人：

（1）执业许可证或者营业执照被吊销或者注销；

（2）出现解散、破产事由或者丧失承担执业责任风险的能力；

（3）与本案有利害关系；

（4）履行职务时，因故意或者重大过失导致债权人利益受到损害。

《指定管理人规定》第三十四条规定，个人管理人有下列情形之一的，人民法院可以根据债权人会议的申请或者依职权径行决定更换管理人：

（1）执业资格被取消、吊销；

（2）与本案有利害关系；

（3）履行职务时，因故意或者重大过失导致债权人利益受到损害；

（4）失踪、死亡或者丧失民事行为能力；

（5）因健康原因无法履行职务；

（6）执业责任保险失效；

（7）有本规定第二十六条规定的情形。

破产管理人的解任与辞职是破产管理人选任制度中的重要问题，各国破产法都规定了破产管理人的变更问题。最科学、最符合法律的手段应该坚持"谁选任，谁解任"原则。所以，《企业破产法》中规定解任主体是人民法院，债权人会议有更换破产管理人申请权，符合"谁选任，谁解任"原则。

更换破产管理人有申请更换和直接更换两种。具体程序如下：

首先，申请更换是债权人对于破产管理人不满意，需要召开债权人会议并作出更换管理人的决议，然后向人民法院提交书面申请。直接更换是由人民法院依据职权进行决定更换管理人的形式。

其次，人民法院根据分析认定有必要更换管理人，会将"决定书"送达原管理人、新任管理人、破产申请人以及债务人的企业登记机关，并予以公告。

七、管理人侵害债权人、债务人利益的追责

破产管理人的正确选任，是保证企业破产程序科学有效进行的前提。破产管理人具有的良好业务素质和品行状况，是破产程序合理、合规的保障。所以，《企业破产法》明确规定了一些不能担任破产管理人的具体情形。

（1）与破产企业有利害关系的人员，如破产企业的股东、债权人、债务人、法定代表人、高级管理人员等；

（2）与破产企业有其他利害关系的人员，如破产企业的供应商、客户、竞争对手等；

（3）有犯罪记录或者被依法追究刑事责任的人员；

（4）有违法违规行为或者被依法行政处罚的人员；

（5）有严重失信记录或者被列入失信被执行人名单的人员；

（6）其他法律、行政法规规定的不得担任破产管理人的情形。

需要注意的是，破产管理人需要具备一定的专业知识和经验，因此在选择破产管理人时，应该考虑其专业背景和实际经验。如果出现了管理人任用不适当，给债权人、债务人造成侵害的，要如何追责呢？

破产管理人是负责管理破产企业财产、清偿债务、分配财产等工作的专业人员，其职责是保护债权人的利益。如果破产管理人侵害了债权人的利益，债权人可以采取以下措施追责：

（1）向破产管理人提出申诉。债权人可以向破产管理人提出申诉，要求其改正错误或者补救损失。

（2）向人民法院提起诉讼。债权人可以向人民法院提起诉讼，要求破产管理人承担侵权责任，赔偿损失。

（3）向监管机构投诉。债权人可以向相关监管机构投诉破产管理人的违法行为，要求其受到惩罚。

需要注意的是，债权人在追责过程中需要提供充分的证据，证明破产管理人的行为确实侵害了其利益。同时，债权人还需要了解相关法律法规，以便更好地维护自己的权益。

【案例】

王某系某房地产开发企业的破产债权人之一，因破产管理人对其他债权人申报的债权予以确认存在错误，故要求破产管理人公开债权申报材料，管理人未予理会。故王某依据《企业破产法》第一百三十条规定的"管理人未依照本法规定勤勉尽责，忠实执行职务的，人民法院可以依法处以罚款；给债权人、债务人或者第三人造成损失的，依法承担赔偿责任"提起诉讼，主张其对破产案件的知情权被侵害，可能蒙受严重经济损失，要求查阅在破产程序中其他债权人的债权申报材料，该请求属于破产程序中的债权人知情权范畴。据此，在破产管理人无正当理由不予提供时，王某可以请求人民法院作出决定，而不宜通过另案诉讼程序解决。

破产管理人所要担负的侵权责任属于民事赔偿责任，在具备以下条件的时候才成立：

（1）管理人在履职过程中违反了勤勉尽责义务，违反勤勉尽责义务包括：未按法定程序接管破产企业，未积极履行管理职能；疏于保管债务人财产；疏于追偿债务人对外债权，使债务人债权流失；没有积极行使破产撤销权致使债务人破产财产减少等。

（2）管理人违反了忠实义务的客观行为，包括：与破产企业发生关联交易或作出其他利益冲突行为，以获取利益；与破产企业发生自我交易，以获取利益。

（3）管理人的不当行为对债权人、债务人或第三人造成了损失。

（4）管理人的不当行为与债权人、债务人或第三人所遭受的损失之间存在因果关系。

（5）管理人在主观上存在故意或过失。

第四章
债务人的财产管理

一、债务人的财产认定

债务人财产是指债务人所拥有的在人民法院受理破产申请时属于债务人的全部财产,以及人民法院受理破产申请后至破产程序终结前债务人取得的财产,其中包括货币财产,也包括非货币财产。

债务人财产是新的《企业破产法》首次出现的概念,实际上债务人财产应包括债务人的所有财产,其中包括债务人对不论何处的资产拥有的权益,不论是在法院地国家还是在外国,也不论在程序启动时是否为债务人所占有,以及包括一切有形资产和无形资产。新的《企业破产法》对债务人财产概念的使用表现出破产理念的变革,这一概念不仅涵盖了破产清算程序中的债务人财产,也将破产和解程序和重整程序中的债务人财产包括在内,能够较好地概括清算、和解和重整三种程序下债务人财产的不同状况,其内涵更为全面。除债务人所有的货币、实物外,债务人依法享有的可以用货币估价并可以依法转让的债权、股权、知识产权、用益物权等财产和财产权益,人民法院均应认定为债务人财产。

1. 在破产宣告后至破产程序终结前债务人所取得的财产

在破产案件受理时的债务人财产也存在产生收益的可能,这部分财产应属于债务人财产。在这一时段内取得的财产,既包括实物财产也包括财产权利。主要包括以下六种:

(1)破产企业债务人清偿和财产持有人交还而取得的财产。

(2)未履行合同时继续履行而取得的财产。

（3）投资权益所产生的收益。

（4）破产企业所产生的转让或其他收益，如房租收入、银行存款利息、有价证券带来的收益以及财产转让超过财面净值的差额收入。

（5）破产企业被准许继续营业，继续经营所获收益属于债务人财产。

（6）其他合法渠道取得的财产，如他人对破产企业的赔偿，补足的注册资金、债务人财产被错误执行而回转的财产等。

2.破产案件受理时属于债务人的全部财产

债务人的全部财产主要由以下三个方面构成：

（1）企业自有财产。主要包括企业固定资产和流动资产，例如注册资本、利润，企业的发行股票或者债券，所筹集到的资金或者由此形成的固定资产等。

（2）破产企业享有的土地、水流、矿产等自然资源的使用权，包括土地使用权、水面使用权、采矿权。

（3）设定了担保权益或优先权的财产。已作担保物的财产仍然属于债务人财产，具体包括抵押物、留置物、出质物；担保物灭失后产生的保险金、补偿金、赔偿金等代位物以及依照法律规定存在优先权的财产。

《企业破产法》第二条规定，有一些财产不应该被认定为债务人财产，包括：

（1）债务人基于仓储、保管、承揽、代销、借用、寄存、租赁等合同或者其他法律关系占有、使用的他人财产；

（2）债务人在所有权保留买卖中尚未取得所有权的财产；

（3）所有权专属于国家且不得转让的财产；

（4）其他依照法律、行政法规不属于债务人的财产。

债务人财产认定是指债权人或法院对债务人的财产进行查明、评估和确认，以确定债务人的财产状况和可供执行的财产范围，为债权人进行债务追偿提供依据。

债务人财产认定的程序一般包括四个步骤：

（1）查明债务人的财产状况，包括其所有的财产种类、数量、价值等情况。

（2）对债务人的财产进行评估，确定其实际价值。

（3）确认债务人的可供执行的财产范围，包括其现有的财产和可能获得的财产。

（4）对债务人的财产进行登记和备案，以便债权人进行债务追偿。

在债务人财产认定的过程中，债权人或法院可以采取多种方式进行，如查阅债务人的财产证明文件、询问债务人的家庭成员、雇主等，或者通过法院指定的评估机构对债务人的财产进行评估等。

债务人财产的认定，对于企业破产程序的有效实施和保障债权人权益有非常重要的意义。只有认定了债务人的财产，才能更好地用于破产清偿。

实际生活中，如果遇到企业破产，债务人变成了"老赖"，会以没钱为借口，使债权人的权益难以得到保障。那么，如何认定和查询债务人的财产，就成了很重要的环节。

首先，债务人的住房法院可拍卖。根据《中华人民共和国民法典》的相关规定，债务人唯一住房的拍卖须遵循"合理价"原则。拍卖人应当会同评估机构和出价人一起，协商确定一个合理的专家评估价，作为拍卖底价。同时需要保障被拍卖房屋的权属、面积、房龄、土地用途、不动产权证等方方面面的合法性和真实性。此外，所有有关拍卖的信息均应在法定渠道公开并通知欠债人及家庭成员。

其次，债务人的虚拟账户如社保和公积金会被查封冻结。根据《中华人民共和国民事诉讼法》之规定，强制执行程序中的被执行人财产可以被查封、扣押、评估、拍卖等，包括银行账户的冻结和查封在内的所有资产。

二、破产财产和债务人财产的异同

对破产财产的含义，学术界有着不同理解。有学者认为："对于破产财产的含义，可以从形式和实体两个不同的角度进行界定。从形式意义上讲，破产财产是指在破产程序中用于破产清偿还债的破产人的财产，其着眼点在于财产的分配程序与去向。从实体意义上讲，破产财产是指在破产宣告或者破产申请时以及破产程序终结前，破产人所有的供破产清偿的全部财产，其着眼点是财产的构成与来源。"[1]

一般认为，所谓破产财产，是指破产程序开始时由债务人所有的财产及财产权利所构成的财产性集合体。它是供破产债权人分配的财产，决定着各债权人的实际利益。

破产财产包括企业的固定资产、流动资产以及其他财产权益。如果破产企业是国企，国家授予其经营管理的财产也属于破产财产。如果债务人不能履行债务，担保债权人有权取得担保物，用来抵偿债务人的债务。在担保期限内，未经担保债权人的同意，债务人不得将担保物转让、出租、抵押等。所以，已作为担保物的财产不能作为破产财产。

---

[1] 孙创前.破产管理人实务操作指引[M].北京：法律出版社，2017.

破产财产有如下特征：

1. 必须是财产或财产性权利

其中包括积极财产（如物权、债权、动产和不动产、有形和无形资产）和消极财产（如负债）。由于破产财产需要对债权人进行清偿，所以必须可分配、可量化、可转让。如果不具备这样的财产性权利，则不属于破产财产的范畴。比如破产人的著作权、商标权、专利权可以转让，属于破产财产；而荣誉权、信誉权无法转让，则不属于财产范畴。

2. 必须具有可强制执行性

破产财产必须具有可强制执行性，如果不能强制执行则属于破产人的财产，不属于破产财产。例如，对于通过划拨方式取得的土地使用权，债务人虽然享有使用权，但在债务人破产时，不能当然地作为破产财产而用于清偿破产债权。

3. 必须是属于债务人所有或所经营管理的财产

破产财产为债务人的财产，如果债务人不享有所有权或经营管理的财产不属于破产财产。

4. 破产财产具有总括性

无论是有形资产还是无形资产，只要功能上能够清偿债务人的全部债务，能变现，能用于分配给债权人，都属于破产财产。

5. 破产财产具有动态性

破产财产不是一成不变的，在破产程序中，破产财产范围并不固定，具有动态性。

那么，债务人财产如何定义呢？

债务人财产的概念有选择地划定了债务人依据破产程序所需要用来清偿债务的财产范围。

《企业破产法》第三十条规定，破产申请受理时属于债务人的全部财产，以及破产申请受理后至破产程序终结前债务人取得的财产，为债务人财产。第一百零七条规定，债务人被宣告破产后，债务人称为破产人，债务人财产称为破产财产。对于债务人财产、破产财产与债务人的财产，有学者认为，三者之间存在差异。

破产财产与债务人财产的不同之处在于：

（1）性质不同。破产财产属于可执行财产，用来清偿债务人的债务，必要时候可进行强制执行；债务人的财产不一定属于可强制执行财产，因为债务人的财产并不一定用于清偿债务人的债务。

（2）范围不同。破产财产的范围为债务人被宣告破产后的财产；债务人财产包括破产申请受理时属于债务人的财产和破产程序终结前所取得的财产。

（3）目的不同。破产财产完全用于清偿债务人的债务，利益主体为债权人；而债务人财产除用于清偿债务人的债务外，还可用于其他目的，利益主体并不完全是债权人。

（4）处理方式不同。破产财产处理方式为以变价的方式变现，而债务人财产并不一定需要变价变现。

破产财产变现的方式有"拍卖"和"变卖"两种。

1. 拍卖

拍卖是以公开竞价的方式确定被拍卖物的价金。破产财产的拍卖，由清算组负责委托有拍卖资格的拍卖机构进行。清算组委托的破产财产的起拍价应当是债权人会议和清算组对破产财产评估的价值。清算组委托有资质的拍卖机构拍卖破产财产，其行为是强制性的，是对属于债务人所有的享有独立处分权的财产强制进行的拍卖。在开拍之前，清算组应发布公告，并报人民法院，通知竞拍人破产财产拍卖的时间、地点，竞拍人在公开竞拍之前可以对拍卖的破产财产进行现场查勘，以确定自己的最高竞拍价。

2.变卖

变卖是清算组依据事先确定的破产财产的价格，随时出卖破产财产的行为。一般来说，破产财产的变卖有以下四个步骤：

（1）拟订和通过变卖方案。变卖方案的内容有变卖财产的目录表、财产变卖的定价原则、财产变卖的程序原则。

（2）制定变卖程序。具体内容有确定公布买受人的资格、变卖登记手续及具体时间、定价原则、签订变卖协议。

（3）发出变卖公告。变卖公告应刊登在影响大的报纸上，具体内容有变卖物的简况，变卖登记的时间，联系人、联系方式、联系地址。

（4）变卖合同（协议）的签订和生效。变卖合同是变卖工作结束后，清算组与买受人签订的合同（协议）。具体内容有：买卖双方的名称、地址、代表人姓名、职务；财产的名称、规格、数量、质量状况等；议定的价格及付款方式、时间；违约责任；代表人签字；附件，如变价财产的目录等。

三、企业破产以后，债务清偿问题和顺序

企业破产以后，面临的首要问题就是对债权人进行债务清偿，但这种清偿的特点是通过集体程序公平清偿全体债权人的债权，而不是针对某一个人或某几个人的清偿。因此，企业具备破产条件并宣布进入破产程序以

后,债务清偿不能对个别债权人单独清偿。

债务人在已经具备或者接近具备破产原因的情况下,实施对个别债权人的清偿,显然违反公平清偿的原则,并刺激债权人竞相争夺债务人的财产,从而断送困境企业的拯救前景。因此,公平有序的清偿秩序,在破产程序启动前即具有加以维护的必要。

因此,《企业破产法》规定,人民法院受理破产申请前六个月内,债务人有本法第二条规定情形的,仍对个别债权人进行清偿的,管理人有权请求人民法院予以撤销。但是,个别清偿使债务人财产受益的除外。

那么,债务人已经实施的个别清偿法院如何撤销呢?

首先,个别清偿发生的时间,是在人民法院受理破产申请前的六个月内;超出这个时间就不能主张撤销了。其次,个别清偿所涉及的债务,是清偿时已到清偿期的债务,如果债务清偿时尚未到清偿期,则属于"对未到期的债务提前清偿"的行为,应参照《企业破产法》第三十一条规定行使。

在正常情况下,法律不禁止提前清偿。但是,在企业无力偿债的情况下,其债权人应当按照公平清偿和集体受偿的原则获得清偿。此时若有未到期债务提前获得清偿,则无异于不正当的"捷足先登",抢夺了其他债权人按公平程序本应获得的那一部分清偿利益。因此,为了保护多数债权人的清偿利益,本法将此种清偿行为列入可撤销行为的范围。

除了对个别清偿予以撤销之外,人民法院受理破产申请前一年内,涉及债务人财产的还有以下几种可撤销行为:

(1)无偿转让财产的;

(2)以明显不合理的价格进行交易的;

(3)对没有财产担保的债务提供财产担保的;

（4）对未到期的债务提前清偿的；

（5）放弃债权的。

符合《企业破产法》规定的清偿顺序又是怎样的呢？

企业破产的清偿顺序为首先清偿破产费用、公益债务，然后需要清偿的是欠职工的工资、医疗等的补助。若还有剩余财产，则需要清偿企业在破产之前所欠下的税款，最后需要清偿的是普通破产债权。所以，第一步是要给清算组费用，第二步是偿还员工的工资及社保，第三步就是银行的贷款及税款，最后一步是清偿债权人。等到前面的债务都清偿了以后，债权人的权益还能得到保障吗？其实不可能百分百拿到相应的钱，债权人是按比例拿到清偿。

法定的破产清偿顺序如下：

（1）有财产担保的债权；

（2）破产费用和共益债务；

（3）职工债权；

（4）纳入社会统筹账户的社会保险费用和破产人所欠税款；

（5）无财产担保的普通债权。

另外，破产清偿的特殊规定是：债务人的董事、监事和高级管理人员因返还绩效奖金形成的债权，可以作为普通破产债权清偿；因返还普遍拖欠职工工资情况下获取的工资性收入形成的债权，按照该企业职工平均工资计算的部分作为拖欠职工工资清偿；高出该企业职工平均工资计算的部分，可以作为普通破产债权清偿。

四、涉及债务人财产处置的无效行为

涉及债务人财产处置的无效行为包括两个方面：一是为逃避债务而隐匿、转移财产的；二是虚构债务或者承认不真实的债务的。

如果债务人恶意转移财产，根据《中华人民共和国民法典》的规定，因债务人放弃其到期债权或者无偿转让财产，对债权人造成损害的，债权人可以请求人民法院撤销债务人的行为。债务人以明显不合理的低价转让财产，对债权人造成损害，并且受让人知道该情形的，债权人也可以请求人民法院撤销债务人的行为。

【案例】

李某以开办学校需要资金为名，向张某借款 30 万元，约定月息三分。该款经张某多次催要，李某久拖不付，没过多久李某公司申请破产。在这期间，李某一直以"没钱"为由故意不还张某，故张某将李某诉至人民法院。在案件审理过程中发现，李某已与其妻子许某登记离婚，离婚时约定将其名下的两处房产赠予子女，双方债务由个人承担，李某将自己所剩的其中一处房产以买卖的名义转让给孩子李小某，并已经转移登记至李小某名下。

在李某将上述房产转让后，其名下已无其他财产，此时的李某可能抱着"我名下什么都没有，你能拿我怎么样"的态度面对债权人。任何企图躲避债务的耍赖、逃避行为，终将成空。张某在得知李某的上述转移财产行为后，迅速整理材料，及时向人民法院提起撤销李某、许某转移财产的诉讼。法院审理后认定，李某、许某离婚时约定将其仅有的财产暨案涉房产归李小某所有，属于无偿或以明显不合理的低价转让财产，导致李某名下现无财产可供执行，其行为影响了债权人张某债权的实现，侵害了其权益，依法判决撤销李某、许某签订的《离婚协议书》中关于案涉房产的分割约定，已转移的房产需恢复登记至李某名下。

如果债权人发现债务人有逃避债务、转移财产的证据，可以向人民法院申请撤销债务人的行为。

法律提醒——有下列情形之一的，撤销权消灭：（1）具有撤销权的当事人自知道或者应当知道撤销事由之日起一年内没有行使撤销权；（2）具有撤销权的当事人知道撤销事由后明确表示或者以自己的行为放弃撤销权。

企业破产债务人逃债，一般有以下表现：

（1）破产企业故意隐瞒财产，缩小破产财产范围，想方设法低估破产财产价值，压低赔偿比例。比如，在对破产财产进行估价时，一些企业只对固定资产进行估价和作价，忽略了企业的无形资产，如商业、专利等知识产权，对无形资产不作价、不评估。在无债权人参与的情况下，有的企业甚至不按破产财产的实际价值作价，故意压低破产财产的作价金额，使债务率超过实际负债率，形成无资产清偿债务的局面。

（2）破产公司明明没有到破产的程度，却"恶意"破产，故意转移财产，另立公司或划小核算单位，搞空壳破产。比如，通过改制，抽逃资产，使原单位名存实亡，债务悬空，待破产清算结束免去余债后，以原企业的有效资产为基础重新开张。甚至有的企业会一面偷偷酝酿破产，一面又悄悄投资办新公司。

（3）破产企业进行违法操作，随意拔高职工安置费等优先受偿费用，使企业无产可破。

（4）债务人通过各种手段隐匿财产。例如：

①当事人在接到起诉书副本或判决书后，隐藏、转移、变卖、毁损已被查封、扣押的财产；

②利用公司法人地位逃避债务；

③将财产转移到他人名下或公司财产如小轿车登记在投资者个人名下；

④提供财产不全面、不真实；

⑤被执行人外出躲避执行；

⑥低价或者无偿转让财产侵害债权人权益；

⑦其他利用法律规定不完备隐匿财产的行为。

人民法院受理破产申请前一年内，涉及债务人财产的以上行为，管理人有权请求人民法院予以撤销（管理人不申请，债权人可以申请）。

（1）若该债权在破产申请受理时未到期，当然可撤销。

（2）若该债权在破产申请受理前已经到期，管理人请求撤销，人民法院不予支持；但清偿行为发生在破产申请受理前六个月内且债务人已达到破产界限的，即使破产申请受理前已到期，也可以撤销。

破产申请受理后，债务人的个别清偿行为无效。

（1）债务人经诉讼、仲裁、执行程序对债权人进行的个别清偿，管理人请求撤销的，人民法院不予支持。但是，债务人与债权人恶意串通损害其他债权人利益的除外。

（2）债务人对以自有财产设定担保物权的债权进行的个别清偿，管理人请求撤销的，人民法院不予支持。但是，债务清偿时担保财产的价值低于债权额的除外。

（3）债务人对债权人进行的以下个别清偿，不得撤销：

①债务人为维系基本生产需要而支付水费、电费等的；

②债务人支付劳动报酬、人身损害赔偿金的；

③使债务人财产受益的其他个别清偿。

五、管理人对哪些财产有追回权

财产追回权是指因债务人或其他人的不当行为导致债务人财产遭受损害的，法律赋予管理人依法追回有关财产的权利。

《企业破产法》第三十四条规定："因本法第三十一条、第三十二条或者第三十三条规定的行为而取得的债务人的财产，管理人有权追回。"即针对债务人财产的破产程序前行为，被人民法院撤销或认定为无效后，管理人有权将此部分财产追回，归入债务人财产。

《企业破产法》中追回权是一项非常重要的权益，是为了满足债权人最大比例的清偿要求而设置的，是破产管理人对债务人破产程序前一定期限内所做的有损债权人利益的行为通过人民法院赋予并追回所转移的财产的权利。追回权可分为三类：

1. 对出资人没有缴纳的出资有追回权

比如，人民法院在受理破产之后，出资人没有足额缴纳出资的，应当要求他缴纳，不受出资期限的影响。比如，某公司在成立初允许认缴出资，股东认缴出资为100万元，在章程中规定到2020年6月完成出资，但实际缴纳的出资为0元，且到2020年6月仍未完成，结果公司在2020年3月被宣告破产，此时，股东的认缴出资100万元均未到期，人民法院指定的公司破产管理人有权向股东追回出资。

2. 破产管理人对经营管理层非正常收入和侵占的财产有追回权

比如破产企业中的债务人的董事、监事和高级管理人员利用职权从企业获取的非正常收入和侵占的企业财产，不应当属于个人财产，管理人应当追回。

认定一项收入或者财产是否属于"非正常收入"应当依据有关法律规定来判断。例如，债务人企业的董事、经理和高管人员依据劳动合同的规定从企业获取的正当的工资、奖金、津贴等，属于合法收入。债务人资不抵债宣告破产时，债务人企业的董事、监事、高级管理层获得的绩效奖金，在职工工资处于拖欠状态下他们仍获得的工资收入等属于非正常收入。这些非正常收入包括：

（1）分红。公司是具有独立财产权的，公司对利润享有分配的权利，但进行分红应当遵守法律规定，如果以分红的名义逃债，则破产管理人有权追回。例如，某企业在破产程序开始后，股东会、股东大会或董事会在公司弥补亏损和提取法定公积金之前向股东进行分配利润的，属于非正常收入，管理人应当追回。

（2）个人奖励。公司虽然具有发放个人奖励的权利，但必须遵守公司章程规定，否则会被纳入非正常收入范围。例如，某股份有限公司与公司的高级管理人员，在得到公司现金回笼可观的情况下，向原法定代表人提出奖励要求，法定代表人未经董事会决议而转出大额资金，不符合《中华人民共和国公司法》对于个人奖励的规定和公司章程的规定，故该笔"个人奖励"在公司破产清算时应作为非正常收入予以返还。

（3）绩效奖金。公司高管的个人绩效奖金与公司全年经营利润相挂钩，在企业法人不能清偿到期债务，且资产不足以清偿全部债务或者明显缺乏清偿能力的情形下，企业高管人员在客观上已丧失了获取绩效奖金的基础，如果这个时候企业高管或董事等其他人员以绩效奖金名义获得收入，一般被认定为非正常收入，管理人可以追回。

（4）高管获得超过补发职工工资平均比例以上的部分。在破产清算过程中，债务人需要补发职工工资，如果企业高管获得与普通员工同比例的清偿属于正常收入；反之，如果高管获得的补发工资超过正常比例，超出部分被认为非正常收入，予以返还。

3. 对企业高管违反"法定禁止"的行为所获得的收入有追回权

这个非法所得的收入包括以下几个方面：

（1）利用职务侵占的企业财产。例如，企业中供高管占有或使用的财产，如房产、车辆、高级办公用品（电脑、电子设备）等。企业进入破产程序后，确为企业所有的但被高管侵占的，管理人应该追缴。

（2）个人账户私存公司存款的。企业高管在个人账户私存公司账款，引起公私财产混同。例如，某公司高管通过个人账户私存公司款项并随意消费，从公司随意借款、用公司款项偿还个人抵押贷款等，在公司破产清算时应作为非正常收入予以返还。

债务人在处于破产状态或者预期将处于破产状态的情况下从事的使破产财产不当减少或者不公平清偿的交易，具有恶化债务人的资产和信用，损害多数债权人和其他利益相关者的利益作用，是我国破产法严加规制的对象。

管理人拥有破产追回权的意义，是能够保全和防止个别人抢先受偿，能够有效维持企业公平清偿，也能够有效推进企业破产程序的进行。

六、破产申请受理以后，债务人对出资义务的履行

根据《企业破产法》第三十五条规定，人民法院受理破产申请后，债务人的出资人尚未完全履行出资义务的，管理人应当要求该出资人缴纳所认缴的出资，而不受出资期限的限制。

出资人在出资过程中以各种方式拖延缴付出资，在现实中时有发生。出资人足额缴清出资是企业法人对外展示信用的主要财产基础。因我国公司法未实行授权资本制，因而所有的注册资本都属于出资人已经认缴。如果公司的实缴资本低于注册资本，则出资人应当在债权人追索债务或者企业破产时就差额部分承担补缴义务。

出资人补缴出资的义务是出资人依据有限责任原则承担的在出资范围内对外承担公司债务的义务，而不是单纯的出资人与公司之间的内部债务。所以，此种义务不得在出资人与公司的交往关系中以抵销、免除的方式消灭。

【案例】

某购物广场公司原租赁 A 先生某处房产用于经营综合超市，因未履行生效文书确定的货款支付义务，债权人向人民法院申请强制执行。经网络查控、现场调查等强制执行手段，均未发现该公司有可供执行的财产，债权人遂申请该公司执行转破产清算。

当地中级人民法院依法裁定受理某购物广场公司破产清算案，并指令 A 先生所在的当地人民法院审理。经随机摇号，人民法院指定破产管理

人。因该公司已不在原租赁场所上经营超市，公司法定代表人、股东等无法联系，管理人未能接管该公司公章、财务账簿等资料。经多方调查，仍无法查询到该公司有可供清偿债务的财产，但发现公司股东存在出资未到位情形。

经管理人审查和债权人会议确认的无异议债权金额为700多万元，均为普通债权。公司进入破产程序后，股东即负有补足认缴出资的义务。债权人会议决议通过诉讼程序向股东追收未缴出资后，管理人根据承办法官的建议，立即申请财产保全，法院查封了股东名下的房产。管理人依法提起追缴股东出资一案，法院作出一审判决，后该公司股东提出上诉，当地中院维持原判。后经管理人申请，人民法院迅速对查封的股东房产进行评估并挂网拍卖，在成功拍卖股东部分房产后，管理人代表该公司取得现金拍卖款400多万元。

管理人接管破产企业，如果发现有欠缴的出资以及应缴未缴的部分，就应当要求承担该项出资义务的出资人补缴。此种补缴主张应直接向出资人提出，如出资人不履行，则可以提起诉讼。公司其他人员对造成违反出资义务或者抽逃出资的原因有过错的，管理人有权同时或单独请求相关责任人承担相应责任。

公司在破产清算时，如发现原股东在转让股权时出资期限届满但未缴纳出资，直接将股权转让给受让股东的，公司可要求原股东履行出资义务，并且让受让股东承担连带责任。但如果股东在转让股权时出资期限未届满，公司不能要求原股东承担出资义务，除非双方约定出资义务继续由原股东承担。因为原股东将股权转让给受让股东时，其原享有的权利及应履行的义务也一并转让给受让股东，应由受让股东来承担出资义务。

七、破产程序中，债务人财产处置面临的问题

企业破产财产的处置作为破产清算程序的重要环节之一，管理人能否有效地处置破产财产，最大限度地挖掘破产财产价值，不仅事关全体债权人的切身利益，也是对管理人履职经验和创造力的考验。

在破产程序中，债务人财产处置面临的主要问题有以下四个方面：

1. 企业无产可破

大部分企业由于多种原因导致了破产，既有债权人申请的破产，也有债务人申请的破产，但面临的主要问题是破产企业无产可破，导致破产程序仅是单纯的程序空转，债权人无法获得任何实质的清偿收益，同时还要支付一定的破产费用，成本和收益不成比例。

2. 对物权性财产的处置成本高

债务人的财产分为三类，分别是物权性、债权性和人身属性。其中物权性财产占各类财产处置成交额的首位，如土地、房屋、机器设备、车辆、库存商品等都归为物权性财产。物权的权属确定难，权利负担重，比如债务人出卖的经营房屋，空间分割杂乱或产权界定困难，导致债务人的房屋财产长期无法得到处置。涉及土地、房产转让费用较高，房产税和土地增值税亦占较高购买成本，因税费负担较重导致交易变现难。

3. 债权性财产及人身属性财产变现难

债权性财产包括长期投资、追偿权、租赁权以及各类投资预期收益等。实践中，所有需要处置的债权性财产首选是网拍，其次才是债权分配

等其他处置方式。对于债权性财产处置的问题,一种是缺乏财产处置的费用,另一种是部分债权需要通过司法程序主张,衍生诉讼需经历一审、二审,甚至执行程序,耗时较长,导致延长整个破产程序的用时。

4.行政管理制度不完备导致财产处置难

首先,现行法律法规都是针对正常经营企业制定的税费要求,由于破产企业已经资不抵债,再按照正常标准征税,将不利于债务人财产价值最大化和债权人清偿。其次,存在行政管理政策空白地带。因政策更迭,个别案件已取得相应许可的划拨商业用地,按照现有政策无法办理权属证书,导致案件因历史遗留问题久拖不决,企业资产无法盘活再利用,尤其破产企业的土地规划过期后重新报批等问题缺乏政策支持,不利于破产财产处置变现。

针对以上这些问题,对于债务人财产处置问题的应对建议如下:

1.设置强制破产申请义务,确保债务人企业有产可破

规定企业董事会承担破产义务的申请。如果是企业董事进行破产申请,那么能够尽早启动破产程序,减少破产财产价值贬损,维持破产财产的价值,提高债权人清偿率。

2.完善财产处置规范,推动债务人财产保值增值

破产企业在管理人接管以后可以继续经营,并以投入低、产出高、增值快作为经营目标,这样促进破产企业的财产保值增值,防止财产贬值,对妨碍物权行为直接采取措施,及时恢复物权圆满状态。用有效的制度激励管理人开展保值增值工作,如果管理人对债务人财产采取了切实有效的保值增值措施,则应该提高管理人的报酬比例,以此激励管理人采取保值增值措施后的责任承担问题。

3. 支持多元化财产处置方式，推动破产程序高效进行

短期内的财产处置方式有可能无法获得更高的收益，而继续经营或者主张侵权赔偿等方式，则可能实现较高的收益。法律应支持多元化财产处置方式。第一，可以设立信托、债权分配、整体出售等方式把债务人财产纳入程序外的处置计划。第二，增加破产程序终结的条件，可以增加破产财产分配方案对尚未追回的财产进行分配并经法院裁定确认等，确保财产实施处置的时长与破产程序脱钩。第三，明确债务人财产无法处置时的后续规范。在无法处置时可以进一步细化后续处理流程，如果属于不影响他人权益的单纯实物，可以做报废处理。

4. 完善行政配套制度，提升债务人财产处置效率

一是以修订《企业破产法》为契机，针对正在进行重整、破产清算的困境企业，制定相应的税费优惠政策及行政管理制度，明确破产企业的免征税费、优惠政策、发票限额调整等内容，做好行政法律法规和企业破产法的有效衔接。二是持续推动政府和法院联动工作，针对破产财产中的政策缺乏和历史遗留问题，依托政府和法院联动机制共同协商、灵活处置、高效解决。

八、破产费用与共益债务的清偿

破产费用很容易理解，也就是指破产清算程序过程中产生的费用。而共益债务又是什么呢？

我国1986年破产法采用合并制立法，在《破产法通论》中将共益债务与破产费用总称为"共益债权"。其是为全体破产债权人的共同利益而

负担的费用,在清偿中优先于破产债权受偿。①

"共益债务"是《企业破产法》提出的新名词,相关法律对于"共益债务"给出定位:共益债务是从债务人财产的角度做出的界定,指破产程序中为全体债权人的共同利益由债务人财产及管理人而产生的债务。②

为什么破产费用和共益债务可以被随时清偿呢?根本原因在于,破产程序并非由债务人自行展开,为消除多方顾虑需要人民法院指定独立于债权人和债务人具有专业知识的管理人来展开具体破产清算工作,管理人想要实现债务人财产价值最大化,需要以特定的费用为支撑。而破产费用和共益债务是实现债权人权益的前提和保障,如果破产费用落实不到位,清偿不及时,管理人又怎么能够积极有效地推进破产清算的工作呢?所以,破产费用和共益债务需要随时清偿,才能保障破产工作顺利进行,最后实现全体债权人利益得到保障。

那么,破产费用都包括什么呢?

(1)破产案件的诉讼费。破产案件的申请费不能预交,所以需要从破产财产中拨付。

(2)管理、变价和分配债务人财产的费用。比如,破产企业中留守的人员的工资,以及破产程序推进期间产生的债务人财产、设施的保管、维护、仓储、运输、保险等费用;审计、评估、拍卖、变卖债务人财产的费用。

(3)管理人职务费用、报酬和聘用工作人员的费用。债权人委员会及其成员履行职责所需的费用,在破产程序中产生的评估费、公告费、保管

---

① 谢邦宇. 破产法通论 [M]. 长沙:湖南大学出版社,1987:109-113.
② 破产法起草组编.《中华人民共和国企业破产法》释义 [M]. 北京:人民出版社,2006:159.

费等执行费用。债务人为金融机构的，经国务院金融监督管理机构核准而尚未支付的行政处置费用，可以列入破产费用。

共益债务一般包括：

（1）管理人要求对方当事人履行双方均未履行完毕的合同所产生的债务。

（2）债务人财产受无因管理所产生的债务。

（3）债务人不当得利所产生的债务。

（4）为破产企业继续营业而应支付的劳动报酬和社会保险费用或由此产生的其他债务。

（5）管理人或相关人员执行职务致人损害所产生的债务。

按照《企业破产法》第四十三条的规定，破产费用和共益债务由债务人财产随时清偿，如果债务人财产不足以清偿破产费用和共益债务的，应当优先清偿破产费用。

之所以法律规定要对破产费用和共益债务进行随时清偿，是因为从清偿时间上看，破产程序启动后，管理人需要接管债务人的财产、印章和账簿、文书等资料；需要调查债务人财产状况，制作财产状况报告，管理债务人财产。所以，在刚刚启动破产程序的时候，无法做到全部结清破产费用，只有在债务人财产无法全部结清完毕的情况下，要求管理人能够做到对破产费用以及共益债务的随时清偿且同时保证破产费用优先于共益债务清偿，不太现实，只有一种可能性就是破产费用随时清偿，而共益债务在破产费用清偿完毕后再进行随时清偿方可实现。

法律明确规定，债务人确认财产可供支出，对债务人的特定财产在担保物权消灭或者实现担保物权后有剩余的，在破产程序中可用以清偿破产费用、共益债务和其他破产债权。

管理人在程序启动时尚不能明确债务人财产总额，也不能确定共益债务数额和破产费用总额的情况下，应当将破产费用随时清偿前置，而共益债务可劣后选择随时清偿，即此种随时清偿并非强制随时清偿，只为清偿原则。故管理人可以随时清偿破产费用，而谨慎随时清偿共益债务，以免发生共益债务清偿优先于破产费用且剩余债务人财产无法支持剩余破产费用支付的尴尬境地。

虽然法律规定对破产费用和共益债务进行随时清偿，但现实中确实存在申请人与债权人拒绝垫付、案件当地并无破产援助基金制度安排等情形。那么，对于无法清偿破产费用共益债务的后果是什么呢？

债务人财产不足以清偿所有破产费用和共益债务的，先行清偿破产费用。债务人财产不足以清偿所有破产费用或者共益债务的，按照比例清偿。债务人财产不足以清偿破产费用的，管理人应当提请人民法院终结破产程序。人民法院应当自收到请求之日起 15 日内裁定终结破产程序，并予以公告。

九、如何解除资产保全和账户冻结

在民事诉讼中，财产保全制度是指人民法院在利害关系人起诉前或者当事人起诉后，为了防止利害关系人合法权益受到难以弥补的损害或者为了保障将来的生效判决能够顺利执行，对需要被保全的财产采取的强制性保护措施。

依照《最高人民法院关于适用〈中华人民共和国民事诉讼法〉的解释》第一百六十五条的规定，法院采取保全措施后，只能由作出保全裁定的人民法院自行解除或由其上级法院决定解除。

【案例】

某公司因为债权人人数众多，明显缺乏清偿能力，被债权人申请进入破产程序。管理人接管资产后查实在其开发的在建工程上已经有20多个轮候查封。管理人公开招募了投资人，以失败告终。为了相对提高各债权人的清偿比例，债务人欲与债权人进行和解。在向各债权人征求是否同意和解时，大部分债权人提出甲公司的资产已经被很多法院查封，如果不能解封，和解就无法进行。

《全国法院破产审判工作会议纪要》第四十二条规定："破产案件受理后查封措施的解除或查封财产的移送。执行法院收到破产受理裁定后，应当解除对债务人财产的查封、扣押、冻结措施；或者根据破产受理法院的要求，出具函件将查封、扣押、冻结财产的处置权交破产受理法院。"

企业在进入破产程序前为了防止债务人进行个别清偿，会对债务人的财产进行保全处理。一般包括查封、扣押、冻结等方式。但冻结的银行存款不得超过一年，查封、扣押动产的期限不得超过两年，查封不动产、冻结其他财产权的期限不得超过三年。

那么，针对以上案例，该如何解除对债务人的资产保全呢？

（1）针对查封期限已经到期或马上到期的情况，如果人民法院未办理延期查封手续的，查封、扣押、冻结等效力消灭。在实践中，管理人可以配合债务人向有关单位发出申请解封即可。

（2）采取了保全措施的人民法院在获悉已裁定受理有关债务人的破产申请后，应当及时解除对债务人财产的保全措施。

（3）相关人民法院如果拒不解除保全措施的，破产受理人民法院可以请求该法院的上级人民法院依法予以纠正。

破产重整解除财产保全以及银行账户冻结对企业经营有非常大的意义。

企业因为债务的原因，公司的银行账户被债权人冻结，无法正常使用，且企业老板为不影响业务，一般会选择个人的银行卡走账，再设立新公司继续进行业务，企业老板多数会采用不入账或者资金体外循环的方式，继续运作公司财产，如果不能说明资金走向很容易构成隐匿公司财产或转移公司财产的责任。公司实控人或法定代表人，可能会涉嫌承担隐匿转移财产的法律责任。

那么，想要解决这种状况，首先要积极启动企业破产重整业务，让企业的银行账户解冻，正常使用企业对公账户运营公司业务。根据《企业破产法》第十九条的规定，人民法院受理破产申请后，有关债务人财产的保全措施应当解除，执行程序应当中止。根据此法条，破产企业申请受理后，企业的银行账户冻结状态应当被解除；其次使用账外运转一定要找专业财务人员全面规范财务，即使有债权人提出异议，也有证据证明没有为了逃避债务而隐匿和转移财产，完全是为了企业能正常经营，不得已而为之。做到以上两点，即使短期内无法解除财产保全和冻结的账户，也最大可能地避免隐匿和转移财产的嫌疑。

第五章
债权人的权利

一、债权人在企业破产不申报债权的后果

债权申报是指债权人在人民法院受理破产申请后依照法定程序主张并证明其债权存在，以便参加破产程序的法律行为。债权申报是破产程序中的一个重要环节，只有通过债权申报，才能依照法律的规定去进行下一步破产程序。

《企业破产法》规定，债务人进入破产程序后，债权人应在法院确定的债权申报期限内向管理人申报债权，如果未按时申报债权或未申报债权，债权有哪些后果呢？

企业破产债务人要面临清偿的问题，如果债权人不在规定的时间内申报，就要承担相应的后果。首先，无法参与债权人全体会议中重要的一项，那就是表决权。其次，人民法院规定债权人有参与破产程序中接受分配财产的权利。再次，债权人没有在指定的时间内申报债权的话，已经作出分配的财产将不对其补充分配。如果债务人进入了重整程序，债权人没有按期申报债权的话，在重整计划的执行期内，也不能行使任何偿债权利。如果债务人进入破产和解程序，债权人仍然没有按期申报债权，那么在和解协议计划执行期间内，债权人也不能行使任何权利。

债权申报具有以下特征：

（1）债权申报是债权人单方意思表示。简单理解就是，债权人可以申报债权参与破产程序，也可以不申报，自愿放弃破产程序。

（2）债权申报以提出主张并证明债权为主要内容，如果没有法律规定

的证据，管理人将不予受理债权申报。

（3）债权申报是债权人参加破产程序的必要条件，未申报债权的债权则无法行使《企业破产法》中规定的相关权利。

（4）债权申报必须符合法定的期限要求，未在规定的时间内申报，只能补充申报，那样行使的权利会受到很大限制。《企业破产法》第四十五条规定："人民法院受理破产申请后，应当确定债权人申报债权的期限。债权申报期限自人民法院发布受理破产申请公告之日起计算，最短不得少于三十日，最长不得超过三个月。"

债权人只有在人民法院规定的期限内积极申报，才能行使权利。清算或破产重整的，此时债权人应当在规定的期限内向管理人申报债权，债务已经过去三个月了，超过了债权申报期限，当事人没有收到债权申报通知，那么是不是就不能申报了呢？并不是。《企业破产法》明确规定，即便过了这次申报期限仍然可以补充申报。

《企业破产法》第五十六条："在人民法院确定的债权申报期限内，债权人未申报债权的，可以在破产财产最后分配前补充申报；但是，此前已进行的分配，不再对其补充分配。为审查和确认补充申报债权的费用，由补充申报人承担。债权人未依照本法规定申报债权的，不得依照本法规定的程序行使权利。"

《企业破产法》第九十二条规定："经人民法院裁定批准的重整计划，对债务人和全体债权人均有约束力。债权人未依照本法规定申报债权的，在重整计划执行期间不得行使权利；在重整计划执行完毕后，可以按照重整计划规定的同类债权的清偿条件行使权利。债权人对债务人的保证人和其他连带债务人所享有的权利，不受重整计划的影响。"

例如，某破产企业欠李某一笔钱一直未还，这笔债务已经取得了人民法院的生效判决了，过了一段时间李某收到了该破产企业破产管理人的通知，说人民法院已经裁定受了该企业的破产申请，让李某向管理人申报债权。

如果人民法院生效判决了，债权人还有必要向管理人申报债权吗？在破产案件中，部分债权人已经取得人民法院生效判决，认为再向管理人申报债权多此一举并不重视，而实际上债权人在收到管理人通知后，应当及时向管理人申报债权，否则将自己承担由此带来的不利后果。

人民法院确定的债权申报期限内，债权人未申报债权的，可以在破产财产最后分配前补充申报，但是此前已进行的分配不再对其补充分配，就是说该债权人只能就剩余尚未分配的破产财产主张分配，同时债权人还将额外承担管理人为审查和确认补充申报债权的费用。

债权人补充申报的权利，不是在任何时候都可以进行，依《企业破产法》五十六条之规定："债权人必须在破产财产最后分配前提出。债权人补充申报的债权在经过确认程序后，也只能对尚未分配的财产参加分配，如果补充申报提出时，破产财产已经进行了部分分配，此时对已经分配的部分，亦不会对其进行补充分配。"

如果在破产财产最后分配完成后提出，由于破产程序一般来说具有不可逆的特征，债权人补充申报债权已经没有实际意义，因为补充申报最终还是不能分得破产财产的。所以，当债权人错过了规定的债权申报期限，债权人欲挽回损失的，其应当在破产财产最后分配前补充申报。

二、债权人的权利申请和限制

债权是指在债的关系中权利主体具备的能够要求义务主体为一定行为

或不为一定行为的权利。债权是一种典型的相对权,只在债权人和债务人之间发生效力,原则上债权人和债务人之间的债务关系不能对抗第三人。企业破产以后,债权人需要向管理人提出申请,但债权人的权利也有一定的范围和限制。

1. 以财产为内容的要求权

该要求权是指以财产利益为内容,直接体现财产利益的民事权利。财产权是可以以金钱计算价值的,一般具有可让与性,受到侵害时需以财产方式予以救济。给付标的为劳务或者不作为的请求权,不能申报。但是,因它们的不履行或者不适当履行而产生的赔偿请求权,为可以申报的债权。

2. 以债务人财产为偿还基础的请求权

债务人的财产是指"一般财产",也就是债务人财产价值的总和。"一般财产"描述的是抽象的财产,其并不指向特定的物(如汽车、房屋)或其他特定的财产形式(如存款),而是债务人各项财产的经济价值加总。比如,信托财产或者根据法律规定不受破产程序拘束的财产,不是此处所称的债务人财产;以这些财产为受偿基础的请求权,不得申报。至于请求权所指向的财产是债务人的一般财产还是特定财产,不影响申报的资格。因此,有财产担保的债权和无财产担保的债权均在申报之列。

3. 为人民法院受理破产申请前设立的债务人所享有的债权

《企业破产法》第三十条规定:"破产申请受理时属于债务人的全部财产,以及破产申请受理后至破产程序终结前债务人取得的财产,为债务人财产。"该条只规定了债务人财产的时间节点,对债务人财产的形态并未作出规定。实践中出现一些对债务人财产形态的理解偏差,造成债务人财产中无形财产或债务人债权等原本可以变现的财产流失,侵害了债权人的合法权益。

4. 必须是平等民事主体之间的请求权

平等民事主体是指在民事关系中，享有平等权利和义务的个人、法人和其他组织。这些主体在民事活动中具有同等的地位和权利，包括签订合同、享有财产权利、受到法律保护等。在平等民事主体的基础上，民事关系才能够公正、合理地进行，保障各方的合法权益。因此，对债务人的罚款等财产性行政处罚，不得申报。在企业破产清算的情况下，债务人财产最终将归属于债权人，此时若执行对债务人的财产性行政处罚，事实上处罚的是债权人，这样既不能达到行政处罚的目的，又损害了债权人的合法权益。但是，在破产程序终结后，如果债务人因重整或和解而继续存续，处罚机关可以根据情况，决定是否执行原来的处罚决定。

5. 必须是合法有效的债权

合法有效的债权是指债权人依法取得的、具有法律效力的债权。具体来说，合法有效债权应当满足以下条件：

（1）债权人与债务人之间存在合法的债权关系，即债务人应当承认该债权的存在；

（2）债权人应当依法取得该债权，如通过合同、判决书、仲裁裁决书等方式；

（3）债权应当符合法律规定，如不得违反法律、法规、政策等规定；

（4）债权应当未被法律、法规、政策等规定所禁止或限制。

只有满足以上条件的债权才能被认为是合法有效的债权，债权人才有权利依法要求债务人履行债务。

因此，以下债权不得申报：

（1）在民法典或者其他法律规定的无效原因的债权；

（2）诉讼时效已经届满的债权；

（3）证据或者证据为虚假的债权、有相反证据证明为虚假的债权。

不具备上述条件的债权被申报的，管理人有权提出异议。申报人坚持申报的，管理人可以在债权表中另页记载，并载明所发现的问题，以供债权人会议作出决定。必要时，管理人可以请求人民法院裁定不予确认。

【案例】

A公司申请破产被受理后，管理人在债权申报期间收到以下债权人的债权申报：（1）B先生请求A公司继续支付专利使用费，经查，B的专利保护期已于两年前届满；（2）C公司请求A公司支付在4年前到期应付而迄至申报时双方从未提起过的一笔中介费；（3）D公司请求A公司支付20万元货款，经查，其提交的合同文本上的盖章和签名均系伪造；（4）E公司请求A公司支付过去一年的写字楼租金，但管理人从A公司财务室查出E公司出具的已收到该年度租金的收据。管理人认为，以上申报中，B的专利权已经失去法律保护，故无权请求支付专利使用费；C的债权因超过诉讼时效，不得在破产程序中受偿；D的债权是虚构的，不予承认；E的请求有证据证明其债权已因清偿而消灭，亦不得申报。

除了以上五个方面的权利之外，《企业破产法》第四十七条规定，附条件、附期限的债权和诉讼、仲裁未决的债权，债权人可以申报。

债权人在债务人违约或无力偿还债务时，有以下五种申请权利：

（1）申请强制执行。债权人可以向人民法院申请强制执行，要求债务人履行债务。人民法院可以通过查封、扣押、拍卖等方式强制执行。

（2）申请破产清算。如果债务人无力偿还债务，债权人可以向人民法院申请破产清算。在破产清算中，债务人的财产将被清算，清算所得将按照法定顺序分配给债权人。

（3）申请债务重组。债权人也可以向人民法院申请债务重组，要求债务人通过重组来解决债务问题。在债务重组中，债务人与债权人可以协商达成债务重组协议，通过减免债务、延长还款期限等方式来解决债务问题。

（4）申请财产保全。债权人可以向人民法院申请财产保全，要求人民法院查封、扣押债务人的财产，以保障债权人的利益。

（5）申请诉讼保全。债权人在起诉债务人时，可以向人民法院申请诉讼保全，要求人民法院采取措施保全证据、财产等，以保障债权人的权益。

三、已申报债权人和未申报债权人的利益保护

在企业走到破产环节，很多债权人都会担心，自己的债权得不到清偿怎么办呢？尤其有一部分人会向管理人申报债权，也有一部分债权人由于各种原因没及时申报债权，那么《企业破产法》对于债权人的利益如何保护呢？

企业出现破产的情形时，债权人申报债权后，债权的利益是会受到保护的，但债权人债权的保护，以企业的财产为限，按优先顺序清偿债权，破产企业无财产可供分配的，破产程序会终结。

《企业破产法》第一百一十三条规定，破产财产在优先清偿破产费用和共益债务后，依照下列顺序清偿：

（1）破产人所欠职工的工资和医疗、伤残补助、抚恤费用，所欠的应当划入职工个人账户的基本养老保险、基本医疗保险费用，以及法律、行

政法规定应当支付给职工的补偿金。

（2）破产人欠缴的除前项规定以外的社会保险费用和破产人所欠税款。

（3）普通破产债权。

破产财产不足以清偿同一顺序的清偿要求的，按照比例分配。

破产企业的董事、监事和高级管理人员的工资按照该企业职工的平均工资计算。

以上是《企业破产法》对于正常申报债权的债权人的清偿规定。那么，未申报债权的债权人利益如何保护呢？

破产程序中，债权的申报属于自愿选择，债权人如果未申报债权会被视为放弃参与破产财产的优先分配，但债权依然存在，不会因为未申报债权而免除债务人的债务。即使在破产程序终结后，债务人仍有权利通过诉讼保障自身的权益。未申报债权一般分为两种：一种是尚在破产程序中，未进行债权的申报；另一种是破产程序已终结，而尚未申报的债权。尚在破产程序中的，可以补充申报，根据《企业破产法》第五十六条、第九十二条之规定，债权人未在债权申报期限内申报债权的，可以补充申报；未申报的，在重整计划执行期间不得行使权利；未申报的，在重整计划执行完毕后，可以按照重整计划规定的同类债权的清偿条件行使权利。从该条规定来看，无论基于何种原因都可以补充申报，除重整计划执行期间外，无论何时都可以补充申报，并且可以直接按照重整计划中同类债权的清偿条件得到清偿。

破产程序终结后，债权人继续主张权利，系维护自身合法债权，以防债务人逃脱债务的必要之举，且债权人主张权利仍有受偿之可能，对债权人而言亦具有实际意义。

对未申报债权的债权人而言，允许其在破产终结后主张权利，一是能够确认自身债权的真实性、合法性，二是或能获得清偿。因破产程序终结后未注销企业的情形越来越普遍，企业主体资格存续，这使得未申报债权的债权人能够通过个体清偿程序确认自身债权。同时，未注销的原因往往系企业有财产线索可供追诉，或存在未决诉讼等，这就意味着破产企业极有可能再次分配破产财产，这为未申报的债权提供了救济渠道。

虽然在破产程序终结之后未申报债权的债权人依然可以通过诉讼等渠道进行权益的追诉，但一般情况下债务人破产终结的原因是债务人已无财产可供分配，同时，因破产程序的债权审核需由管理人提交债权人会议确认，破产受理法院出具裁定书，实践中存在债权人会议已解散，无法召集，同时破产法院亦无法出具破产裁定书的情形，故破产终结后已无法通过破产申报核实债权的真实性、合法性。

《企业破产法》属于特别法，优于《中华人民共和国民事诉讼法》的适用，但破产程序结束后，破产法未作出规定的，应当适用《中华人民共和国民事诉讼法》，这也为未申报债权的人提供了一个通过自诉进行维护权益的通道。

另外，允许债权人通过个体清偿程序可有效衔接破产程序、诉讼程序、执行程序，维护广大债权人合法利益。

四、连带债权人的债权申报

连带债权是"按份债权"的对称，债权的分类之一，是指具有连带关系的多数债权人所享有的债权。根据连带债权，任何一个连带债权人都有请求和接受债务人全部履行的权利。①

连带债权具有不同于普通债权的内部效力和外部效力。对内，各债权人按约定或法定的份额享有债权；对外，各连带债权人均有权单独地要求债务人履行全部债务和接受债务人履行债务的全部给付。任何一个连带债权人接受债务人的全部给付后，债的关系即归于消灭。

债权人申报债权的方式有：自主申报、委托代理人进行申报；由一人代表全体连带债权人申报债权，或者共同申报等。在申报债权时，债权人需要书面说明债权的数额和有无财产担保，并提交有关证据。具体操作方面有两种方式，即代表申报和共同申报。

1. 代表申报

连带债权人由一名债权人代表全体申报债权。该代表在向管理人申报债权时必须说明债权连带情况和提供证据材料。该代表的行为对全体连带债权人均产生效力。这个代表可以由共同债权人推选生成。《企业破产法》第五十条规定，连带债权人可以由其中一人代表全体连带债权人申报债权，也可以共同申报债权。

2. 共同申报

如果连带债权人愿意以共同申报的方式行使权利，可以在申报的时候采取联署申报书的方式共同申报债权。共同申报不以全体签署为必要，只要连带债权人中有二人以上署名申报，即为共同申报。

在破产程序中，连带债权人行使权利出席债权人会议时，允许多人出席，但只能享有一个表决席权，原则上只能有一个债权人代表全体投票和发表意见。在代表申报中，代表申报的那个人即为代表人，共同申报中

---

① 顾明. 法学大辞典［M］. 北京：中国政法大学出版社，1991.

可以共同推选一人为代表人。连带债权人在破产财产的分配上，管理人只向连带债权中的代表清偿支付，然后受领清偿的代表再依照全体债权人的内部约定或者依法裁定再确定比例，将受偿额在全体连带债权人中间进行分配。

【案例】

张先生和李女士拥有一楼写字楼的共同产权。A 公司向他们租用该写字楼作为办公场所。现 A 公司进入破产程序，张先生和李女士在人民法院确定的债权申报期限内，共同向管理人就 A 公司拖欠的 20 万元房租提出申报，并提供了相关证据。之后，张先生和李女士作为连带债权人在破产清算程序中按比例获得 8 万元清偿。

五、债权人会议的内容和规则

债权人会议是全体债权人参加破产程序进行权利自治的临时机构。其权利范围和行使方式均由法律直接规定，主要是决议职能和监督职能。债权人会议是人民法院审理企业破产案件中一个重要的环节。是"实现债权人破产程序参与权的机构"。债权人会议的制度构建和运作方式以及债权人的职权设定等均应围绕债权人会议展开。为便于充分实现债权人的破产程序参与权，应当承认和强化债权人会议的听取报告权、选任常设的监督机构权、决定营业的继续和停止、指示破产财产的管理方法等职权。

债权人自治原则是确定债权人会议地位的基本依据。根据这一原则，债权人行使权利由债权人会议独立地作出决议。债权人在债权会议上应该充分地自由表达和自主表决。

债权人会议的成员由依法申报债权的债权人组成，凡是债权人会议的成员，均享有出席会议的权利。

债权人会议成员的表决权分为有表决权的债权人和无表决权的债权人两种。有表决权的债权人分为两种情况：一是对所有的事项都有表决权的债权人，二是对部分表决事项有表决权的债人。无表决权的债权人是指有权出席债权人会议，但无权对债权人会议决议事项投票和表达个人意志。无表决权的债权人一般包括：

（1）债权尚未确定，而人民法院未能为其行使表决权而临时确定债权额的；

（2）债权附有停止条件，其条件尚待成就的，或者债权附有开始期限，其期限尚未到来的；

（3）尚未代替债务人清偿债务的保证人或者其他连带债务人。

债权人的表决方式是现场表决，也就是通过债权人现场会议，以当场投资的方式表达意愿和作出决定。目前，随着互联网技术的推行，非现场表决方式在实践中也开始日渐推广。

如果债权人无法亲自到场表决，也可以委托代理人进行。代理人出席债权人会议的，应向人民法院或者债权人会议主席提交债权人的授权委托书。

债权人会议设主席一人，用以主持债权人会议，由人民法院从有表决权的债权人中指定。只要是有表决权的债权人，都可以被指定为债权人会议主席。

债权人会议主席的职权包括：宣布会议开始、就有关程序事项提出表决动议并主持表决；维护会议秩序，安排债权人发言顺序，控制发言时间；主持表决进程，公布表决结果；决定会议休会；宣布会议闭会；审阅会议记录。

债权人会议行使的相关职权包括：

（1）核查债权；

（2）申请人民法院更换管理人，审查管理人的费用和报酬；

（3）监督管理人；

（4）选任和更换债权人委员会成员；

（5）决定继续或者停止债务人的营业；

（6）通过重整计划；

（7）通过和解协议；

（8）通过债务人财产的管理方案；

（9）通过破产财产的变价方案；

（10）通过破产财产的分配方案；

（11）人民法院认为应当由债权人会议行使的其他职权。

债权人会议应当对所议事项的决议做成会议记录。

债权人会议第一次由人民法院召集，自债权申报期限届满之日起15日内召开。以后的债权人会议，在人民法院认为必要时，或者管理、债权人委员会、占债权总额四分之一以上的债权人向债权人会议主席提议时召开。召开债权人会议，管理人应当提前15日通知已知的债权人。

债权人会议的决议，由出席会议的有表决权的债权人过半数通过，并且其所代表的债权额占无财产担保债权总额的二分之一以上。但是，本法另有规定的除外。债权人认为债权人会议的决议违反法律规定，损害其利益的，可以自债权人会议作出决议之日起15日内，请求人民法院裁定撤销该决议，责令债权人会议依法重新作出决议。债权人会议的决议，对于全体债权人均有约束力。

如果债权人对于法院裁定不服的，可以自裁定宣布之日或者收到通知之日起15日内向该人民法院申请复议。

六、职工破产债权包括哪些内容

企业破产，职工将失去工作，这个时候需要行使职工的债权。职工债权是基于"职工"这个特定身份劳动关系而享有的债权。职工债权依据是劳动合同和法律法规，主要的债权是工资请求权和社会保障方面的权利。

职工破产债权包括工资、医疗补助、伤残补助、抚恤费用等，以及应当划入职工个人账户的基本养老保险费用，应当划入职工个人账户的基本医疗保险费用，法律、行政法规规定应当支付给职工的补偿金。

（1）工资，也就是指劳动报酬。不论是正式职工还是非正式职工，在破产债权中都能享受优先受偿的权利。职工既包括签订了劳动合同的职工，也包括虽没有签订劳动合同但存在事实劳动关系的职工，主要有临时工和短期用工。破产企业的董事、监事和高级管理人员也属于职工范畴，根据《企业破产法》第一百一十三条规定，在破产时，破产企业的董事、监事和高级管理人员的工资应当按照该企业职工的平均工资计算。

（2）医疗和伤残补助。根据《工伤保险条例》的规定，职工在工作期间遭受伤害或患职业病进行治疗，享受工伤医疗待遇。被鉴定为一级至十级伤残的员工，享受伤残补助费用。

（3）抚恤费用。抚恤费用是指职工因工死亡时，按其供养的直系亲属人数，每月付给供养直系亲属抚恤费，直到受供养人失去受供养的规定条件为止。

（4）应当划入职工个人账户的基本养老保险费用。

（5）应当划入职工个人账户的基本医疗保险费用。

（6）法律、行政法规规定应当支付给职工的补偿金。

职工债权属于特殊债权人，不像一般债权人那样必须向管理人申报债权，职工债权不必个别申报，职工债权具有债权人人数较多、单个债权人的债权数额较小的特点，而且在多数情况下，企业对拖欠职工债权的情况都有集中统一的记载。因此，《企业破产法》对职工债权的申报，采用管理人集中公示、个人有权异议的办法。这样规定的好处在于，一是方便职工，二是简化程序，节省时间和费用。

【案例】

某公司申请破产被人民法院受理后，在债权申报期间，管理人查明，至破产受理前，该公司拖欠职工工资以及应当划入职工个人账户的基本医疗保险费用共计30万元人民币。管理人将职工债权列出清单并进行了公示。该公司职工小王在公司破产前，曾在工作时间因操作机器失误导致工伤并造成二级伤残。小王认为公司除已支付的医疗费外，还应付给伤残补助，而管理人公布的清单中并未包括此项债权。小王提出异议，要求管理人确认其伤残补助请求权并列入清单。管理人以小王对事故发生有过失责任为由，予以拒绝。小王向法院提起诉讼。法院认定，小王受到的伤害构成工伤，其就医疗和伤残补助等费用对公司享有债权，管理人应当予以登记。

职工债权申报一般需要以下步骤：

（1）收集证据。职工应当收集相关证据，如工资单、劳动合同、社保缴纳证明等，证明自己的债权。

（2）向用人单位提出申请。职工可以向用人单位提出书面申请，要求用人单位履行债务。申请应当包括债权金额、债权事由、证据材料等。

（3）向管理人提出申请。职工可以向破产企业管理人提出书面申请，出示证据，并写明申请债权的金额、证据等。

（4）如果破产企业未维护合法权益，职工可以向劳动仲裁部门申请。如果用人单位不履行债务，职工可以向当地劳动仲裁部门申请仲裁。申请时需要提交相关证据材料。

（5）向法院提起诉讼。如果仲裁结果不满意，职工可以向法院提起诉讼，要求用人单位履行债务。在诉讼过程中，职工需要提供充足的证据证明自己的债权。

总之，职工债权申报需要充分收集证据，按照规定的程序进行申请和仲裁，最终可以通过法律手段维护自己的合法权益。

七、破产程序中的债权转让

债权转让就是通过协议把债的关系中的债权人进行变更。最简单的理解就是，比如A是B的债主，A（债权人）借给了B5万元。不久，A把B的借条转让给了C，转让后，C（新的债权人）成了B的债主。

破产债权是针对破产人，并原则上基于破产宣告而发生的一种财产上的请求权。经过债权人申报债权并得到查实后，从破产财产中得到清偿。破产债权既区别于可以从破产财产中优先拨付受偿的破产费用请求权，也区别于将不属于破产人的财产从破产中取回的取回权，以及有担保的债权人行使的别除权。

债权转让从转让和受让的关系上看，转让的主体是债权人和第三人，虽然与债务人在其履行义务的对象上有关，但从特定的法律关系来看与债务人无关。债权人转让他的债权不需要经过债务人同意，但需要通知一下债务人。因为《中华人民共和国民法典》规定：债权人转让权利的，应当通知债务人。未经通知，该转让对债务人不发生效力。由此规定可以得出如下结论：债权人转让债权须与受让人达成转受让债权的协议。达成协议只是合同成立，但未生效。合同成立后，债权人应及时地(合理期限)将债权转让的事实用合适的方式通知债务人，债务人须接到债权转让的通知且知道了通知的内容，此时，转让合同才开始生效。所以，转让合同生效的条件具备之时，也就是生效时间的开始之时。

反过来，如果债务人想要转让自己的债务，是需要经过债权人同意的。债权转债权不会影响债务的继续履行，因为债务人还给谁都是还，只要他履行了还款义务就可以了。但是，债务人转让债务那就不好说了，因为债务有承债能力，不一定是转让给了谁就有承债能力。这种情况，必须要经过债权人的判断以及同意。

所以，债权转让采用通知主义，不以债务人同意为条件；而债务转让采用同意主义，不经债权人同意，转让合同无效。按照我国《企业破产法》第十七条内容之规定，即"破产企业的债务人和财产持有人，只能向清算组清偿债务或者交付财产"。即一般情况下，破产企业债权的受偿主体只能是清算组。

那么，债权人在转让债权时，有哪些规定呢？

1. 转让的债权不得违背法律制止性规则

除了依据合同性质不得转让、依照当事人商定不得转让及抚恤金、抚育费、赔偿金等债权不得转让外，其他债权都能够转让。

2. 签订债权转让合同

债权转让的依据需要落实到合同上，特别是冲抵债务的债权转让更需要签署书面的债权转让合同。受让方(转让方的债权人)应向转让方理解债务人可能提出的抗辩，以及转让的债权能否有抵押、担保，并查看相关的抵押合同、保证合同能否有影响相关从权益转让的特别商定，并依据状况请求重新办理抵押注销或重新保证。

3. 通知债务人

无论是否签订债权转让合同，由债权人出具书面的《债权转让通知》，并由债权人通知债务人，或由债权人拜托受让人通知债务人。债权转让，一经通知就产生原债权债务关系消灭，债务人应向受让人实行债务的法律效果。

债权人虽然可以将合同的权利全部或部分转让给第三人，但也有一些情况是不允许转让的：

（1）根据合同性质不得转让；

（2）按照当事人约定不得转让；

（3）依照法律规定不得转让。

具体转让的相关规定如下：

（1）债权人转让权利的，应当通知债务人。未经通知，该转让对债务人不发生效力；

（2）债权人转让权利的通知不得撤销，但经受让人同意的除外；

（3）债权人转让权利的，受让人取得与债权有关的从权利，但该从权利专属于债权人自身的除外；

（4）债务人接到债权转让通知后，债务人对让与人的抗辩，可以向受让人主张；

（5）债务人接到债权转让通知时，债务人对让与人享有债权，并且债务人的债权先于转让的债权到期或者同时到期的，债务人可以向受让人主张抵销。

第六章
企业破产重整

第六章 企业破产重整

一、破产重整的概念和性质

破产重整是《企业破产法》新引入的一项制度,是专门针对可能或已经具备破产原因但又有维持价值和再生希望的企业,经由各方利害关系人的申请,在人民法院的主持和利害关系人的参与下,进行业务上的重组和债务调整,以帮助债务人摆脱财务困境、恢复营业能力的法律制度。

破产重整相较破产清算来说,属于对有价值企业的挽救,而不是消灭。破产重整是当下对于经营不善的企业非常好的选择。因为造成企业困境的根源是现金流断裂,而导向无非为人的问题和周期问题。破产重整解决的就是这两个方面的问题。

首先,破产重整可以通过引入新的投资人,让企业原来的经营层出局,从而让企业摆脱困境。当然,企业重整最后的结局如何要看新的经营人是否有能力力挽狂澜。比如,瑞幸咖啡前老板由于作假上市导致企业陷入了破产境地,自己也被扫地出门。而新的经营人接手以后,迅速调整经营思路,瑞幸通过重整后,门店数量甚至超过星巴克,成为当下白领最为喜爱的咖啡品牌之一。其次,破产重整在周期上更具优势,破产重整会通过减免或者展期债务引入新的投资,剥离亏损资产等方式恢复现金流,从而让企业活过行业周期的寒冬,只要市场回暖企业就能够起死回生。这就是企业破产重整最大的意义和价值。

破产重整是可能或者已经发生导致破产的原因,但是又有再建希望的企业,以保留债务企业的经济生命为出发点,通过引入战略投资人和制订

119

重整计划的方式，进行营业重组和债务清理盘活，这就是重整的概念。

【案例】

某集团作为全国最有名的校办企业，创始人以及管理层都来自北京大学。2010年某集团经营陷入困境，面对几十亿美元的到期债务无法偿付，最后不得已进行了破产重整。某集团之所以没有走破产清算，而是采用了破产重整，是有原因的。首先，某集团有员工近万名，如果单纯破产清算，企业主体没了，这么多员工都可能下岗需要再就业，会给社会带来不安定因素。其次，某集团总体负债几千亿元人民币，大部分来源于银行贷款，如果让企业清算退市，那么会给整个金融生态的稳定带来负面影响。当地几家主要债权银行的损失可能高达几千亿元，影响太过恶劣。最后，虽然某集团陷入了债务危机，但总体而言其旗下还有很多优质资产，比如控股的某证券、北大医疗、北大国际肿瘤医院，如果破产清算的话，这些控股的企业都将被波及和影响，无法发挥整体效应。所以，这样的企业破产清算代价太高，资源浪费太过明显，通过破产重整对它进行挽救才是最好的方式。

某集团在启动破产重整程序以后，管理人到位首先发出公告引入战略投资者，并且提出谁注入资金就把控股权让渡给谁，让投资者获得集团的控制权，后来中国平安集团为某集团注资1000亿元人民币，这1000亿元先拿出500亿元由管理人去找债权人谈判，说明给债权人提高清偿比例。如果不接受破产重整的话，清偿比例只是20%左右，如果先接受500亿元清偿，其他500亿元投入集团流动性资产，给付员工工资，买好的技术和设备，让企业进行正常经营，激活生产。

通过这样的多管齐下的方式，某集团成功地实现了破产重整，最后实现了重生。

后来知名的海航集团、清华紫光集团等,都采用过破产重整程序。所以破产重整有更多适用的场景。

重整制度的适用范围为企业法人,由于其程序复杂、费用高昂、耗时很长,故实践中均适用于大型企业,中小型企业则一般采用和解程序。

二、破产重整与破产清算的区别

破产重整和破产清算是两种不同的破产程序,其主要区别在于破产后企业的处理方式和目的。

破产重整是指企业在破产程序中,通过法院的审批和监督,对企业进行资产重组和债务重组,以实现企业的再生和持续经营。在破产重整过程中,企业可以保留其经营资产和业务,同时通过与债权人协商达成债务重组协议,以减轻企业的债务负担,重新开始经营。

破产清算是指企业在破产程序中,将其所有资产变卖,以清偿债务,并最终解散企业。在破产清算过程中,企业的所有资产都将被变卖,包括其经营资产和业务,以清偿债务。一旦债务得到清偿,企业将被解散,其经营活动也将结束。

破产重整和破产清算的具体区别还有以下三个方面:

1. 申请条件的不同

首先,申请原因有别。破产重整与破产清算虽然都是企业不能清偿到期债务,并且资不抵债或明显缺乏清偿能力的情况下启动的,但破产重整的前提是法人企业仍有挽救的希望,并获得各方利害关系人的协商同意。其次,申请时间不一样。企业破产重整的申请时间要比破产清算提前,提出破产清算，以债务人已经发生破产原因为前提，而重整申请则在债务人有发生破产原因的可能时即可提出。再次，申请主体不同。破产清算的申请人只能是债务人、债权人。但破产重整的申请人既可以是债务人、债权人，债务人的股东也可以在一定条件下提出。根据《企业破产法》第一百三十四条之规定，国务院金融监督管理机构也可以向人民法院提出对金融机构进行重整的申请。最后，申请材料不同。债务人申请破产重整的，不但需要提供申请材料，还应提交可行性报告，这份报告要阐明通过重整程序，能够维持持续经营，获得经济收益以偿还债务和摆脱困境的详细规划和事宜。

2. 执行程序的不同

首先，参与破产清算与重整活动的主体不同。有物权担保的债权人、债务人及债务人的股东等均参与重整，而参与破产清算的主要是清算组，有限责任公司的清算组由股东组成，股份有限公司的清算组由董事会或者股东大会确定的人员组成。一定情况下也可由人民法院指定有关人员组成清算组进行清算。其次，管理人的职责不同。破产清算中的管理人主要进行管理工作，而破产重整中的管理人担任监督者的角色，对重整活动进行监督。再次，运用的措施和手段不同。破产清算主要是将资产变现用来清偿相关债权人的债权。破产重整除延期或减免偿还债务外，还可采取向重整者无偿转让全部或部分股权，将债权转为股份，转让经营或资产等方法，以盘活流动资产，为企业继续经营带来激活再生能力。最后，对担保物权的限制不同。破产重整程序不像破产清算，就特定财产的优先受偿权行使受到一定的限制。比如，吸纳新的资金可以优先用于经营，而不是清偿，这与破产清算有很大的区别。

3.债务人职权大小不同

在企业破产清算中，债务人不可管理其财产，而是由管理人接管。但在破产重整程序中，债务人可自行管理财产，负责制订、执行重整计划。根据《企业破产法》规定，在重整期间，经债务人申请、法院批准，债务人可以在管理人的监督下自行管理财产，制订重整计划，在重整计划批准后负责重整计划的执行。相对于注册会计师或律师出任的管理人，债务人更熟悉企业的经营业务，由债务人管理财产，成功的可能性较大。

总的来说，破产重整是为了实现企业的再生和持续经营，而破产清算则是为了清偿债务并结束企业的经营活动。

三、什么人有权提起重整申请

申请重整是企业经营不善导致的结果，是相关有申请权利的人向人民法院提出的请求，在有限时间内进行破产清算。那么，在企业经营中谁有权利申请重整？

根据重整申请提出的时间，重整申请分为两种方式：一种是初始申请，一种是后续申请。初始申请是在人民法院受理破产申请以前提出对债务人适用重整程序的申请；后续重整申请是在人民法院已经受理对债务人适用清算程序的申请后、破产宣告前提出的重整申请。

根据《企业破产法》第七十条之规定："债务人或者债权人可以依照本法规定，直接向人民法院申请对债务人进行重整。债权人申请对债务人进行破产清算的，在人民法院受理破产申请后、宣告债务人破产前，债务人或者出资额占债务人注册资本十分之一以上的出资人，可以向人民法院申请重整。"

　　破产重整的初始申请人仅为债权人和债务人。债权人和债务人都能以"无法清偿到期债务"为由提出重整申请。但以"有明显丧失清偿能力可能"为由提出重整的，只能是债务人自己。

　　债权人作为利害关系人，能够为了保证自身利益而启动债务人重整程序；而债务人最了解自身状况，能够为了自我拯救而选择启动重整程序。初始申请的最大好处在于能够避免当事人在顾虑破产清算不利后果的情况下消极拖延，耗尽企业的生存能力。破产法意在鼓励陷入困境的企业能够及时提出重整申请，以尽最大可能拯救有价值的企业。

　　《企业破产法》第二条规定："企业法人不能清偿到期债务，并且资产不足以清偿全部债务或者明显缺乏清偿能力的，依照本法规定清理债务。企业法人有前款规定情形，或者有明显丧失清偿能力可能的，可以依照本法规定进行重整。"

　　只要债务人有以上情形，债权人和债务人就可以直接向人民法院申请重整，申请时应该提交相关证据和申请书。依照《企业破产法》第八条规定向人民法院提出破产申请，应当提交破产申请书和有关证据。

　　破产申请书应当载明下列事项：

　　（1）申请人、被申请人的基本情况；

　　（2）申请目的；

　　（3）申请的事实和理由；

　　（4）人民法院认为应当载明的其他事项。

　　债务人提出申请的，还应当向人民法院提交财产状况说明、债务清册、债权清册、有关财务会计报告、职工安置预案以及职工工资的支付和社会保险费用的缴纳情况。

【案例】

（1）A公司发生现金流断裂，不能清偿到期债务。债权人某公司向人民法院申请A公司破产清算。在人民法院受理前，A公司认为自己有良好的营业能力，目前的流动性障碍可以通过多种措施加以克服，遂向人民法院提出重整申请。在此种情况下，人民法院应当优先受理重整申请。

（2）A公司不能清偿到期债务，债权人B公司和C公司在一周内分别向人民法院提出了对A公司适用破产清算程序和重整程序的申请。在此期间，A公司以其目前虽有无力偿债的情况但尚具有盈利能力为由，不同意B公司的破产清算申请，并表示愿意重整。经审理，法院裁定受理C公司提出的重整申请。

后续申请是在人民法院已经受理债权人提出的对债务人适用破产清算的申请，但尚未宣告债务人破产的情况下，赋予债务人一方申请破产重整，以拯救企业的最后机会。此处的申请人，一般为债务人企业的法人机关，如公司的董事会。在人民法院受理破产申请后、宣告债务人破产前，都可以提出后续重整申请。

人民法院对后续重整申请审查后，依《企业破产法》第七十一条的规定"人民法院经审查认为重整申请符合本法规定的，应当裁定债务人重整，并予以公告"，裁定债务人重整的，破产案件进入重整程序。

【案例】

A公司因不能清偿到期债务被债权人B公司申请破产清算。法院受理后，破产宣告前，债权人C银行申请A公司重整，被法院裁定驳回。债权人C银行与债务人A公司协商后，由债务人A公司提出重整申请，法院审查后，裁定A公司重整。

总之，无论是初始申请还是后续重整申请，都是给面临破产清算的债务人带来了希望，能够使企业不至于被"消灭"，而是有挽救和实现复兴的希望。

四、庭外重组与庭内重整

破产重整是指企业在无法偿还债务的情况下，通过法律程序进行债务重组，以达到保护企业和债权人的利益的目的。我们先明确以下几个定义。

庭外重组，指在破产重整程序之外，企业与债权人自行协商达成债务重组协议的过程。一般包括债务人、债权人、出资人和战略投资人等利害关系人通过谈判协商达成协议、作出承诺化解企业困境的民事法律行为，是一种司法行为。

预重整，指为了准确识别重整价值和重整可能、降低重整成本、提高重整成功率，人民法院在以"破申"案号立案后、受理重整申请前指定临时管理人履行职责，债务人自愿承担义务，由临时管理人组织债务人、债权人、出资人、重整投资人等利害关系人拟订预重整方案的程序。

庭内重整，指企业破产法规定的以拯救债务人为目的的破产重整程序，是一种司法强制程序。

庭外重组通常是在企业面临破产风险时，企业与债权人之间进行协商，以达成债务重组协议。这种重组方式不需要通过法院程序，因此可以更加快速和灵活地解决企业的债务问题。庭外重组的协议内容包括债务减免、债务转换、债务延期等方式，以减轻企业的债务负担，帮助企业恢复经营。

庭外重组的优点是可以避免破产程序对企业的负面影响，同时也可以减少债权人的损失。但是，庭外重组需要企业与债权人之间进行协商，如果双方无法达成一致，重组协议可能无法实现。此外，庭外重组也可能存在一些法律风险，需要与庭内重整进行有效衔接，以降低风险。

庭内重整是指在破产程序中，企业向法院提出重整计划，由法院组织债权人会议，对重整计划进行审议和投票，最终确定重整计划的方案。庭内重整相对于庭外重组，更加便捷和高效，可以减少企业的停产停业时间，保护企业的生产经营和员工的利益。

目前，实现庭外重组协议效力在重整程序中延伸，已经为我国的司法实践所肯定。《全国法院破产审判工作会议纪要》第二十二条提出"探索推行庭外重组与庭内重整制度的衔接"的要求，即规定："在企业进入重整程序之前，可以先由债权人与债务人、出资人等利害关系人通过庭外商业谈判，拟订重组方案。重整程序启动后，可以重组方案为依据拟订重整计划草案提交人民法院依法审查批准。"

当企业面临经营困境和债务困境的时候，庭外重组和破产重整的有效衔接，能够使企业存续，较之破产清算直接从市场中退出有不少优势。当然，重组和重整之间如何选择，也是一个非常重要的问题。对于破产重整的问题，最高人民法院提出建立企业识别审查规则，让企业找到合适的出口，适合清算的就清算，适合重整的就重整。对于庭内重整，庭外重组也有诸多优势。

1. 商业信誉的损害更小

庭内重整属于公开性质，经过重整的企业大众很容易判断该企业陷入了债务危机，容易发生信任危机；而庭外重组相对比较封闭，对于企业的商誉损害较小。

2. 企业主导性更强

庭内重整是通过法院和破产管理人的介入，让众多有不同诉求的债权主体参与进来。而庭外重组不必将所有的债权主体纳入进来，只需要核心主体参与，企业对于重整程序的主导性更强。

3. 操作空间更加灵活

破产重整强调公平和集中清偿，在规定的范围内进行清偿安排，不同债权人对于自己的利益预期不同，需要差异化的处理空间。庭外重组能够根据这种差异化进行区别对待、个别谈判安排，操作空间更加灵活。

4. 更好地实现与破产重整的衔接

庭内重整属于法定程序，是一个不可逆的过程，重整成功企业得救，重整失败则进入清算退市的结局。通过庭外重组，可以使法律对破产企业进行预重整制度设计，打通了庭外重组和庭内重整的通道，实现有效衔接和制订更加成熟的方案。

【案例】

A企业陷入财务困境，债权人B银行在A企业享有使用权的某处土地上持有抵押权。破产申请时，当地的地产市场需求旺盛。债权人B银行认为，通过A企业迅速破产清算可以较快地获得现金清偿。就这个时候，C集团正在与D银行谈判一笔贷款，用以对该地块进行开发。因此，破产程序开始后，C集团与管理人积极配合，与B银行、D银行达成了"以置换担保解除土地抵押，以土地融资盘活开发项目"的方案后，先在庭外进行了重组谈判，决定提出A企业重整申请，而不是破产申请。重整计划执行期间，C集团以部分偿还现金、部分以C集团的另一不动产置换抵押的办法，解除了B银行在该地块上的抵押权，随即以该开发项目的整体资产抵押，获得了 D 银行的贷款。两年后，A 企业按照重整计划规定的偿债方案，以该项目的收益偿还了 B 银行和其他债权人的债务，企业步入健康发展的轨道。

庭外重组适用于债务危机尚未完全爆发、营业收入相对稳定、商誉较高的企业。如果想要破产重整真正发挥作用，企业最好的方法是建立预警机制，提前预判企业的财务状况。

五、破产重整和法院强制批准的原则

破产重整是指企业在无法偿还债务的情况下，通过法律程序进行债务重组和经营重建，以实现企业的持续经营和债务的清偿。破产重整的原则主要包括以下六个：

1. 保护债权人利益原则

破产重整应当尽量保护债权人的利益，确保其能够获得应有的债权清偿。

2. 保护企业持续经营原则

破产重整应当以保护企业的持续经营为目标，通过债务重组和经营重建，使企业恢复健康，实现经营的可持续性。

3. 公平公正原则

破产重整应当遵循公平公正原则，不偏袒任何一方，保证各方的利益得到平等对待。

4. 自愿原则

破产重整应当基于自愿原则，企业应当自主选择是否进行破产重整，并在程序中享有自主权。

5. 诚信原则

破产重整应当遵循诚信原则，企业应当诚实守信，遵守法律法规和合同约定，不得采取欺诈行为。

6. 效率原则

破产重整应当遵循效率原则，尽快实现债务重组和经营重建，减少对债权人和企业的损失。

除了以上规定的基本原则之外，《企业破产法》第八十七条规定了破产重整计划强裁规则，该条允许法院可根据管理人或债务人提出的破产重整申请，在重整计划没有得到全部投票组通过时，强制批准破产重整计划，只要破产重整计划给予反对的担保债权人组、职工组、税务组、普通债权人组、出资人组符合法定条件的权益分配即可。

那么，法院行使强制裁定批准破产重整计划的原则又是什么呢？

1. 清算价值保障原则

破产重整之所以较破产清算对企业更有利，是因为既要挽救企业，又要使清算价值得到保障。如果反对重整计划的利害关系人如股东或债权人发现重整后得到的清偿比例要比破产清算低得多，他们就不会拥护破产重整。这也是法院行使强制裁定批准破产重整的底线标准。只有在破产重整中保障清算价值大于破产清算，才能作出强制批准的裁定。想要有效保障清算价值，第一要确定破产财产总额，第二要确定普通债权总额。在破产重整过程中还要聘请专业的资产评估机构适用恰当的方法对债务人的破产财产进行资产评估，以便正确计算普通债权清偿率。

2. 可行性原则

破产重整的目的是使企业能够起死回生，实现持续经营，激活企业的再生能力。所以，在强制裁定破产重整程序之前要审查重整方案是否行之有效，防止重整程序被滥用。法院要从可操作性和合法性方面进行实质审查，以此判断债务人的重整价值，在审查期间，不但主办法官自行审查，还要借助其他人员参与审查并出具意见，如法务、财务人员以及行业内的专家等，共同佐证破产重整经营方案的可行性，召开债权人、行业内专家等人员听证会，听取各方的意见，以协助法院对经营方案的可行性作出正确的判断。

3. 绝对优先原则

这一原则是建立在破产重整公平公正原则上的，如果在破产重整程序中，有一组债权人或出资人反对，那么重整计划必须保证，这组反对的成员获得充分清偿以前，优先顺序置于其后的其他组不能够被清偿。具体表现是：第一，如果任何一组债权人或者股权持有人反对重整计划，该计划就必须保证只有该组成员获得充分清偿之后，优先顺序低于这个组的其他表决组成员才可以开始受偿。第二，在该组成员获得充分清偿之前，优先顺序高于该组的其他表决组成员不得获得超过其债权数额的清偿。例如，如果持反对意见的是无担保债权组，那么重整计划就要保证任何担保债权人都不能获得高于其债权数额的清偿，在该无担保债权组获得充分清偿之前，其他次序更低的债权人和股权持有人不能获得任何的清偿。这样才能体现出破产重整计划的公平、公正原则。

4. 公平对待原则

企业破产清算或破产重整，必定有人赞成，有人反对。公平对待原则是指反对重整计划的债权人或出资人在重整计划中要被公平对待，获得公平清偿。绝对优先权原则关注的对象是处于不同清偿顺序的利益相关方，确保处于不同清偿顺位的债权人得到合理的清偿顺序，那么公平对待原则关注的是同一清偿顺位的利害关系人，保证同一顺位下的被清偿者获得同比例的清偿数额。

5. 最低限度表决通过原则

由于破产重整计划需要各组债权人的意见一致，在这个基础上，破产重整计划执行才有自治的基础，法院也才有强制裁定重整计划的必要。如果重整计划遭到大部分债权人的反对，那说明破产重整不存在执行的基础，可行性也不强，需要重新对计划进行调整。如果只是少部分人不同意，说明某些利益还需要调整和协商，法院不能忤逆所有表决权人的意志，强行裁定通过重整计划。所以，最低限度地保证大部分表决通过，法院才能强制裁定重整计划。

六、重整期间的相关规定

重整期间，是指自人民法院裁定债务人重整之日起至重整程序终止这一段时间。在重整期间，债务人财产的管理与营业事务的执行，可以采用债务人自行管理方式，也可由管理人履行管理职责，同时聘任债务人的经营管理人员负责营业事务。①

重整期间也是指企业在面临破产或财务危机时，通过向法院申请重整程序，进行财务重组和债务重组的过程。在重整期间，企业可以暂缓债务偿还，与债权人协商债务重组方案，以期恢复经营和偿还债务。重整期间通常为六个月至一年，但可以根据情况延长。在重整期间，企业的经营权

---

① 侯丽艳. 经济法概论 [M]. 北京：中国政法大学出版社，2012.

通常由重整管理人代为行使,以确保企业的正常运营和债权人的利益得到保护。

确定重整期间的意义在于确定法律为重整设定的有关营业保护和重整计划制订通过的程序和实体规划的适用效力时间。《企业破产法》第七十三条规定:"在重整期间,经债务人申请,人民法院批准,债务人可以在管理人的监督下自行管理财产和营业事务。"第七十八条规定:"在重整期间,有下列情形之一的,经管理人或者利害关系人请求,人民法院应当裁定终止重整程序,并宣告债务人破产:(一)债务人的经营状况和财产状况继续恶化,缺乏挽救的可能性;(二)债务人有欺诈、恶意减少债务人财产或者其他显著不利于债权人的行为;(三)由于债务人的行为致使管理人无法执行职务。"

重整期间始于人民法院裁定债务人重整之日,人民法院裁定重整并公告后,进入重整期间,适用于重整期间的相关概括性规定同样适用于债务人。重整期间结束于人民法院裁定重整程序终止之日。

一般重整程序终止的原因有以下四个:

(1)重整失败。如果债务人在重整期间经营状况和财产状况持续恶化,企业没有挽救的可能,有损害债权人行为的发生,人民法院应当裁定终止重整程序。

(2)超过时限。重整在法院裁定之日起六个月内,最长为一年内,如果债务人或管理人未提出重整计划草案的,人民法院会裁定终止重整程序,宣告债务人破产。

(3)计划获得批准。重整计划通过后,人民法院才批准,或者未获全部表决组通过,人民法院会依法强制批准,终止重整程序,债务人转入重整计划执行程序。

（4）计划未被批准。如果重整计划没有得到批准，人民法院会裁定终止重整程序，并宣告债务人破产，债务人转入破产清算程序。

所以，破产终止一般分为完成性终止和破产性终止两种类型。完成性终止使重整计划发生法律效力，确定重整期间结束和重整计划开始执行，企业继续营业。而破产性终止则是案件未能实现破产重整，而是转入了破产清算程序，债务人原则上应停止营业。

七、重整计划的执行和监督

重整计划的执行是重整程序的最终落脚点，也是破产企业重整目的能否实现的实际检验，重整计划执行效果直接关系到重整各方的切身利益。

重整计划的执行，大体有三种体制：一是企业破产执行主体确定为债务人自行管理财产和营业事务的，债务人在司法程序外无任何监督地执行；二是管理人管理财产和营业事务的，由管理人向债务人移交财产和营业事务，也是在司法程序外由管理人监督下的债务人执行；三是在司法程序内由指定的专人负责执行或者由其监督债务人执行。所以，在重整计划执行期间，债务人享有经营管理的自主权，但必须接受管理人的监督。

破产重整执行内容除了去实现既定的经营方案和经营目标外，最为核心的是落实对债权人债权的调整和清偿计划。应该按照重整计划规定的时间、分期、金额或比例进行清偿。

如果在重整计划执行期间出现了与重整计划制订时的预期相差较大，对重整程序参与各方权利义务影响较大的特殊情况，导致重整计划无法继续执行下去的话，那么可以终止重整计划执行，除转入破产清算程序之外，还可以进行重整计划的变更。

判断是否构成重整计划变更的特殊情况，核心就是要考察该情形发生后是否足以导致重整程序中的各方利益在原重整计划执行中发生了重大不利变化，从而导致原重整计划无法按照原内容继续执行或继续执行显然严重侵害重整参与方的利益，造成明显不公。

破产重整的法律依据是《全国法院破产审判工作会议纪要》，其中第十九条规定："重整计划执行中的变更条件和程序。债务人应严格执行重整计划，但因出现国家政策调整、法律修改变化等特殊情况，导致原重整计划无法执行的，债务人或管理人可以申请变更重整计划一次。债权人会议决议同意变更重整计划的，应自决议通过之日起十日内提请人民法院批准。债权人会议决议不同意或者人民法院不批准变更申请的，人民法院经管理人或者利害关系人请求，应当裁定终止重整计划的执行，并宣告债务人破产。"

第二十条规定："重整计划变更后的重新表决与裁定批准。人民法院裁定同意变更重整计划的，债务人或者管理人应当在六个月内提出新的重整计划。变更后的重整计划应提交给因重整计划变更而遭受不利影响的债权人组和出资人组进行表决。表决、申请人民法院批准以及人民法院裁定是否批准的程序与原重整计划的相同。"

自人民法院裁定批准重整计划之日起，在重整计划规定的监督期内，由管理人监督重整计划的执行。在这期间，债务人应向管理人报告重整计划执行情况和债务人财务状况。如果债务人的偿债能力和信用恢复能力较强，或者第三人为重整计划执行提供了可信赖的资助或担保，监督期也可以短于重整计划执行期。

设立重整计划执行监督制度的意义：一是督促债务人切实履行重整计

划，以维护债权人清偿利益；二是提高债务人经营管理的透明度，以帮助债务人恢复信用。

　　监督期届满时，管理人应当向人民法院提交监督报告，自监督报告提交之日起，管理人的监督职责终止。如果债务人对重整计划的执行仍有监督的必要，管理人可以向人民法院申请延长监督期限，人民法院有延长监督期限的决定权。

　　债务人不能执行或者不执行重整计划的，人民法院经管理人或者利害关系人请求，应当裁定重整计划的执行，并宣告债务人破产。

第七章
破产重整程序下的企业治理

第七章 破产重整程序下的企业治理

一、管理人管理模式下的企业治理

破产重整是为了让企业得到被挽救的机会，因此就会产生许多企业的治理问题。一般情况下，企业治理分为三种类型，分别是管理人管理模式下的企业治理、债务人自治管理模式下的企业治理以及关联企业实质合并重整中的企业治理。

在肯定破产重整中企业治理必要性的基础上，需要解决诸如非破产企业的治理结构在多大程度上可以适用于破产重整，以及如何看待破产法为企业治理提供的特殊机制，如何构架破产重整企业治理结构等一系列问题。

破产申请使破产企业财产成为破产财产，并将破产债务人置于破产财产代理人的位置。在收益最大化的经营目的上，破产重整企业与非破产企业相比毫无差别，而前者的特殊性表现在与后者不同的经营控制权、利益冲突和受信义务上，从而导致破产重整企业具有特殊的经营控制权形式、经营决策标准和权力运行模式。

正常的企业治理以股东（大）会拥有重大事项的决策权、董事会及经理等高级管理人员行使经营管理权、监事会对高级管理人员进行监督为基本框架。一旦企业出现资不抵债，面临破产重整并且进入破产重整程序之后，企业的治理就会发生变化。致使企业原本的股东、董事会以及高级管理人员等的控制权发生转移，债务人成了公司治理的实际控制权人。需要在破产管理人的监督下进行，股东会的权力会被削弱，债权人会议成为企业的最高权力机关，管理人则行使管理经营控制权，债权人委员会、管理人行使监督权。

由于控制权出现了变化，重整期间的利益冲突也会明显，例如，债权人整体与破产企业股东之间的利益冲突，普通债权人与担保债权人之间的利益冲突等。因此，重整期间的管理人要同时对企业股东和债权人的利益负责，合理地处理更加复杂化的利益冲突成为其控制权实施的关键之处。

正常运转的企业适用的法律是《中华人民共和国公司法》，而进行破产重整的企业，适用的法律是《企业破产法》，这些法律有着不同的社会属性和法律思路，破产重整的企业以《企业破产法》为主，《公司法》为辅，互补相承，对重整程序中的企业治理和公司控制权行使产生影响。

破产管理人管理模式下的企业治理其优点在于，对困境企业能够及时接管，可有效防止债务人逃避债权人的清偿进行不当行为，能够及时有效地接管企业财产，使其达到保值增值的效果，并且能够以客观、公正、中立的态度处理破产财产。其缺点在于：（1）在管理人管理模式下，企业控制权属于管理人，如果原企业管理层由于企业陷入经济困境而出现消极懈怠，也会给重整带来影响，错过最佳时期；（2）管理人通常不具备经营企业的实战经验，这会增加管理成本和经营成本；（3）管理人的报酬支出也是一笔不菲的成本，对于本就经济陷入困境的企业无疑雪上加霜；（4）管理人接管破产企业，更多的是行使行政权力，与作为债务人财产并无利害关系，所以对于企业的商业化运作并不积极，这也间接地给破产企业带来消极影响，企业是否能够积极重生，很大程度上债务人更关心，而管理人并不关心；（5）管理人有退出机制，当管理人不能胜任时，法院只需要换另一组破产管理人来替换，在缺少对管理人有效的激励和监管机制下，更换管理人对于破产重整的企业而言，也是一种消极的影响。

二、债务人自行管理模式下的企业治理

破产重整是指债务人在无法偿还债务的情况下,通过法院的审批,采取一定的措施对企业进行重整,以达到恢复经营、偿还债务的目的。在破产重整过程中,债务人可以自行管理企业,但需要遵守法院的规定和监管。

在重整期间,经债务人申请,人民法院批准,债务人可以在管理人的监督下自行管理财产和营业事务。

破产重整以拯救企业为首要目标,一般法院对于重整营业的授权包括营业授权、自动停止和充分保护。营业授权是重整期间继续营业的机构和有关营业活动的一些特别权利;自动停止是对债权人以及其他请求权人行使权利的限制;充分保护是对债权人利益的保护以及对破产企业营业行为的监督与限制。在这三种授权中,营业授权处于核心地位,其他两者起保障和补充作用。

债务人自行管理的情形下,行使的权利包括一般管理职权和继续营业相关的特别权利。一般管理职权中具体有:决定债务人的内部管理事务;决定债务人的日常开支和其他必要开支;在第一次债权人会议召开之前,决定继续或者停止债务人的营业;管理和处分债务人的财产;提议召开债权人会议;人民法院认为管理人应当履行的其他职责。而特别权利包括:为新借款设定担保;有权决定待履行合同的继续履行或解除;有权通过清偿或替代担保取回质物、留置物。

债务人自行管理模式的优势在于:

（1）由于控制权依然在自己的手里，企业的管理层更有动力对企业进行挽救，给企业重整带来更加积极的影响；

（2）债务人能够坚持重整期间继续营业，保证了企业运转的连续性，从而有效降低了破产重整程序给企业带来的负面影响；

（3）债务人作为实际管理人，在企业的经营方面有经验，能够节约重整成本；

（4）债务人作为重整程序的管理者，接受多方监督，本身又是重整成功的受益者之一，因此会更加积极推进重整程序的进行，重整企业将能更顺利地走出困境。

由债务人自行管理的破产重整，虽然在道德风险上高于由管理人进行的破产重整，但在重整期间，会面临一系列复杂的重整计划和权利调整。债务人比管理人对业务更熟悉，对企业内部系统和市场也更了解，从拯救企业的角度来看具有优势，但可能不利于维持债务人营业和实现债务人财产的价值最大化。因此，采用管理人监督机制，允许债务人在一定条件下自行管理，进行程序限制和管理人的监督权，更有利于破产重整的实践和落地。其缺点还有：

（1）各利害关系人会对破产企业原管理层存有质疑，债权人会担心重整受到欺诈，形成潜在的危险性；

（2）债务人自行管理能够替代破产管理人行使撤销权，这项权利会使债务人在面对有可能对自己产生不利因素的情况下，还极力掩盖，而难以做到公平公正客观及时；

（3）进入破产重整程序，债务人可能会在所难免地对股东利益偏重，这将会给其他有利害关系的债权人带来一定的负面影响。

债务人自行管理需要提出申请，一般是在初始重整申请时，可一并申请自行管理。人民法院在受理自行管理申请后，需要对管理者进行审查，比如会考虑到以下因素：继续营业对债务人管理层的经验和能力的需求程度；管理人对债务人营业的管理能力；债务人管理层对企业破产的责任；债务人管理层以往的行为记录。如果债务人符合条件，可裁定和批准债务人自行管理，如果债务人不符合条件，法院则裁定由管理人进行管理。

债务人作为继续营业机构，有管理财产和营业事务的一般职权和与继续营业中有关的特别职权。但需要注意以下的职权和义务：

（1）严格遵守法院的规定和监管，不得违反法律法规。

（2）加强企业内部管理，提高经营效率，增加收入，减少支出，以便更好地偿还债务。

（3）与债权人保持良好的沟通，积极协商解决债务问题，争取得到债权人的支持和理解。

（4）遵守破产重整计划，按照计划的要求进行经营管理，确保计划的顺利实施。

（5）债务人的自行管理必须在管理人的监督之下进行，因为债务人自行管理虽然有其经济效率上的优点，但却与债权人有利害关系，会存在一定的利益冲突，所以需要对其行为有较高的透明度，设立管理人监督职能，以保证债务人的行为符合自行管理制度的设立目的。管理人在监督债务人经营管理的过程中，如果发现债务人有不符合程序和法律规范的行为时，有权要求债务人予以纠正，也有权向人民法院提出终止重整程序的申请。如果违反各种义务的约束，还要承担法律责任以及接受处罚和承担赔偿责任。

【案例】

某信息技术 A 公司申请破产重整，公司的董事会申请自行管理。法院受理后任命某法律机构担任管理人对该公司董事会进行监督管理。该公司自行管理后，其主要合作伙伴B公司因资金紧张决定暂停A公司执行的技术开发项目，A公司因此失去收入来源。为了支付公司的营业日常开支，A公司董事会决定出售一项发明专利。管理人得知后，要求该公司董事会说明处分专利权的理由，董事会未加说明。随后，管理人将情况通报债权人委员会。债权人委员会认为，处分专利权不能给公司带来新增营业收入和盈利机会，反而会损耗公司资源和财产，于是提出异议。对此，A公司董事会表示拒绝。管理人根据《企业破产法》第七十八条的规定，请求法院裁定终止重整程序。除非A公司董事会能够证明其处分行为的正当性，法院应当支持管理人的请求。

总之，破产重整是一种重要的企业危机处理方式，债务人在自行管理企业时需要严格遵守法律法规，加强内部管理，与债权人保持良好的沟通，遵守破产重整计划，以便更好地恢复经营、偿还债务。

三、关联企业实质合并重整中的企业治理

随着市场经济走向成熟、企业不断集团化发展，很多企业关联程度越来越高，关联企业破产在破产实践中也随之逐渐成为普遍现象。

在破产重整中认定的"关联企业"一般指通过股权、合同、人事、财务等方式，相互之间存在直接或间接控制与被控制的关系、重大影响关系或特别密切的经济联系的多个企业。[①]

构成破产企业合并的关联方包括：

[①] 北京市第一中级人民法院关联企业实质合并重整工作办法（试行）。

（1）该破产企业的母公司；

（2）该破产企业的子公司；

（3）与该企业受同一母公司控制的其他企业；

（4）对该企业实施共同控制的投资方；

（5）对该企业施加重大影响的投资方；

（6）该企业的合营企业和联营企业；

（7）该企业的主要投资者。

关联企业实质合并重整，指在重整程序中不再考虑关联企业成员的独立法人地位，消灭它们的互负债务、合并它们的资产和对外负债，对它们的同类债权人统一清偿，将关联企业视为一个单一企业实施重整的司法程序。

虽然是关联企业，但依然要遵循《企业破产法》的制度功能，坚持依法保护和挽救市场主体，公平、高效保障破产程序中债权人、债务人、出资人等利害关系人的合法权益。

由于关联企业法人会有混同，导致其资产、负债也会出现高度混同状态，需要大量的时间和费用才能将这些混同的财产进行有效区分，如果由于缺乏明确证据导致事实上无法区分，单独适用破产重整程序会侵害债权人的公平清偿利益，所以实质合并重整程序更科学、更合理。

关联企业实质合并重整进行企业治理需要符合两种情形之一才能适用合并破产重整程序：一是由于企业运营、资产配置等原因，这些成员的加入为整体重整所确实必需，且实质合并重整预计将不会损害个别债权人的清偿利益；二是由于节省区分成本和清理成本、降低破产费用等原因，这些成员加入实质合并重整预计将使全部债权人受益。

关联企业实质合并重整案件的管辖，属于关联企业的中心所在的城市法院。

【案例】

A 公司为科技公司，主营业务由 B 触控公司、C 精密仪器公司、D 电子元件厂等公司实际开展。A公司的重整价值以及营运价值是由上市公司及子、孙公司整体构成的。同时，在经营过程中，A公司与子、孙公司间关联往来复杂、相互担保情况普遍，且供应商相对集中，多数债权人对其中的多家主体享有债权或权益，若强行割裂进行单独重整，一方面将减损各家公司的重整价值，导致无法引入优质投资人；另一方面需要各家公司通过现有资产的处置变现偿付债权人（且存在债权交叉追偿、担保循环追索的问题），导致债权人清偿难以尽快落地，相关公司后续经营能力也无法维持。因此，债权人申请法院对A公司进行关联企业实质合并重整的申请，经法院审查认定，这种重整方式可行，予以裁定。

关联企业实质合并重整中，一般从三个角度进行界定和执行，分别是母公司先行破产、子公司先行破产、母子公司同时破产。

母子公司先行破产的，破产管理人本就可以处理作为母公司资产的子公司股权，而母子公司之间的关联交易产生的关联债权根据各自特性可以利用破产撤销、破产无效，直至子公司资不抵债也需要破产，进而可以与母公司实质合并破产。子公司先行破产时，若母公司利用股东地位滥用股东权利，则可以利用公司法人人格否认制度来解决，倘若母公司最终也不得不宣告破产，则可以与子公司实质合并破产。母子公司同时破产时，自然可以视案件情况决定是否实质合并破产。[①]

关联企业实质合并重整破产制度，一方面会使关联企业间存在的特殊关系成为其进行违法行为的便利条件，在企业之间导致关联企业利益分配不均，在破产重整时严重损害外部债权人的受偿利益以及公平价值；另一方面一些关联企业之间资产混同，会给法院和管理人破产重整带来困难，所以合并重整将来在关联企业方面有很大的应用前景，也是未来的发展趋势。

---

① 朱慈蕴.公司法人人格否认法理在母子公司中的运用[J].法律科学，1998年第5期。

第八章
企业破产和解

一、破产和解的含义和作用

破产和解，是指债务人在出现破产原因时，与债权人会商就债务清偿达成协议，经法院审查认可后中止破产程序，避免破产清算的法律制度。和解制度的目的主要在于避免破产发生，给债务人以重整事业的机会。与一般民事和解不同，破产和解是强制性的和解，即只要债权人会商以法定多数通过和解协议，对反对的少数债权人也有法律效力。[①]

和解制度一般具有以下特征：

1. 债务人已具备破产原因

若债务人不具备破产原因，则破产清算程序无从适用，自然也没有适用和解制度的必要。

2. 由债务人提出和解请求

为了避免破产清算才走和解程序，所以和解更应该是对债务人利益的保护。通过和解达到让债权人让步，使债务人免于进入破产清算程序，债务人更愿意和解，所以，是否请求和解应由债务人自行决定。

3. 和解请求以避免破产清算为目的

破产法设立和解制度的目的是尽可能地减少破产清算事件的发生，以避免破产清算可能带来的一系列消极后果。在符合法律程序的情况下，债务人为了避免企业走向破产清算，提出延缓债务、减少债务以及第三人承

---

① 邹瑜. 法学大辞典［M］. 北京：中国政法大学出版社，1991.

担清偿等请求，法律是允许的。

4. 以债务人现有财产和将来财产作为债权人实现债权

通过和解程序的执行，债权人往往能够较破产清算获得更多的清偿，为了达到这样的目的，债权人通常会在和解程序中作出减少本金、放弃或减少利息、延长清偿期限等方面的让步，以利于债务人保持继续经营的能力，避免债务人选择适用破产清算程序。

5. 债权人与债务人团体之间达成协议

由于是和解程序，所以债权方与债务方均需建立在平等自愿的基础上达成和解协议，而不能由第三方加以强迫。和解协议草案经债权人会议表决通过，即成为债务人与债权人团体之间有关债务清偿的具有法律约束力的合同。

6. 和解程序受法定机关监督

虽然和解程序主要是债权人和债务人之间的平等协商和团体协议，但为了保证程序公正，和解程序需要受法定机关的监督。

破产和解对于无能力清偿债务的企业来说，有很大的作用，体现在以下三个方面：

1. 能够保护债务人企业的存续

当企业资不抵债的时候，债务人有两条路可选：一是选择和解或重整，二是选择破产清算。前者能够最大限度地保护企业的存续与发展，而后者却又有可能让企业消失。总体而言，和解是一种积极的偿债办法。通过债权人的让步，能够使债务人缓解压力和负担，为债务人再建提供了机会和条件。濒临破产边缘的企业，如果能够通过和解程序保留企业，不但能保护企业的存续，同时有利于社会稳定。

2. 对债权人的利益能够实现最大限度的保障

相比破产而立，和解程序能够更大限度地保障债权人的利益。因为破产所得到的清偿，是以企业现有财产进行变卖分配。而和解的分配额要高于破产时的分配额。在和解协议中，无论是延期清偿债务，还是减少部分债务数额，都要贯彻债权人一律平等的原则。债务人与债权人能在偿债期限和偿债方式上达成某种协议，使双方的损失小于破产的预期损失，这项协议就具有减少损失的积极作用。

3.和解能推动案件的进展，缩短结案时间

企业实行破产程序往往需要较长的周期，且债权人与债务人矛盾较大，在管理人接管以后，各方出现不配合的情况居多，也会使破产程序推进放慢。而和解程序，能够化解各方利益人的矛盾，提高结案效率。

二、破产和解申请的程序规则

破产和解不同于破产清算，破产清算的债权人和债务人都能提出和解申请，而破产和解由于债权人不了解债务人的经营情况和财务状况，且处于分散状态，难以充当要约方，所以提出和解的申请主体必须是已经具备破产原因的债务人。人民法院在破产案件审理的过程中，也可以根据债权人、债务人的具体情况向双方提出和解建议。

和解申请的分类有两种，分别是初始和解申请和后续和解申请。初始和解申请是破产案件可以在启动的同时进入和解程序。而后续和解申请是人民法院受理破产清算后，宣布债务人破产前，这个期间提出的和解申请。

债务人申请和解的时候，需要向人民法院提交相关文件，包括破产申请书、财产状况说明、债务清册、债权清册、有关财务会计报告、职工安置预案及职工工资的支付和社会保险费用的缴纳情况等，同时债务人要提交申请和解时必须提交和解协议草案。和解协议草案的核心是偿债安排，包括以下内容：

1. 清偿债务的财产来源

比如企业的营业收入、可变卖财产、可追回债款、出资人的追加出资、第三方提供的贷款或其他可得收入。

2. 清偿债务的办法

比如延期偿还、削减偿还数额、减少或免除利息、债权转股、实物折价偿债、资产租赁偿还、第三人承担债务等。

3. 清偿债务的期限

如果采用分期偿还的情况，要明确各个阶段偿债时间和偿债数额，以及完成清偿的最后期限。

对于债务人提出的和解申请，人民法院依据《企业破产法》第九十五条之规定"债务人可以依照本法规定，直接向人民法院申请和解；也可以在人民法院受理破产申请后、宣告债务人破产前，向人民法院申请和解"，经审查认为和解申请符合规定，应当裁定和解，并予以公告。

一般情况下，法院会在和解申请之日起15日内裁定是否受理，有特殊情况可延长15日，并且在5日内送达申请人。人民法院指定管理人，并通知债权人。对债务人进行约束，并禁止个别清偿，以及对个别追索的冻结等程序。

债务人于和解申请时提出的和解协议草案为和解要约，经人民法院裁定而进入和解程序后，程序的中心就是由作为缔约当事人另一方的债权人集体作出承诺或拒绝承诺的意思表示，这种意思表示的形式就是债权人会议的决议。因此，人民法院裁定和解后的一项主要任务就是召集债权人会议讨论和解协议草案。由出席会议的有表决权的债权人过半数同意，其中债权人总人数为出席会议的债权人人数，进行债权申报但并未出席债权人会议的债权人并不计入债权人总数。同时，表决通过的债权额标准为无财产担保债权总额的三分之二以上。

【案例】

A公司在和解程序中进行债权人会议，参会人员一共24人，无担保债权总额为400万元。表决和解协议草案的债权人会议召开时，参加债权人会议的债权人共有18人，则通过和解协议草案的具体标准为：出席会议的债权人中至少有10人同意，并且这些债权人所持有的债权额至少达到270万元。

在债务人提出和解协议草案后，债权人会议表决通过则为和解协议成立。和解协议经人民法院裁定认可而生效。此后，债务人步出破产程序，转入对和解协议的执行，即合同的履行。

三、和解协议是否具备强制执行力

破产和解协议在执行的程序中，双方当事人经过协商自愿达成的变更生效法律文书确定的履行义务主体、标的物及其数额、履行期限和履行方式等内容，并通过自愿履行来终结强制执行程序的协议。

和解协议不具有强制执行力。在中国，只有给付判决、保全裁定、先予执行的裁定、支付令、调解书、仲裁裁决以及民事制裁决定等法律文书依据法律规定具有强制执行力。而和解协议本质只是双方当事人的一种契约，法律并未赋予其具有强制执行力。

和解协议不具有强制执行力。因为法院据以执行的法律依据为发生法律效力的法律文书，虽然执行和解协议是双方当事人在执行中自行达成的真实意思表示，且不违反国家有关禁止性规定，是有效合同。但执行和解协议的内容，已经不完全是生效法律文书所确定的内容，能否履行、如何履行从严格意义上讲是双方当事人自己的事情。

既然是自愿履行，那么和解协议是不具备强制执行力的。依据《企业破产法》的规定，债务人不履行和解协议时，债权人只能向法院申请终结企业整顿，宣告其破产，而不能提起强制执行程序。

和解协议有以下效力：

（1）经人民法院裁定认可的和解协议，对债务人和全体和解债权人均有约束力；

（2）和解债权人对债务人的保证人和其他连带债务人所享有的权利，不受和解协议的影响。

和解协议执行可以说是一把"双刃剑"，如果执行和解成功了，一方面可以有效降低实现债权的成本，加快实现债权的速度；另一方面执行和解也可能是被执行人的缓兵之计，处理不好会给债务人转移财产提供机会。所以，是否同意执行和解以及如何进行执行和解就显得很重要了。有几个注意事项：

（1）如果债务方能够及时履行清偿债务，但对方还是让债务方作出相应的让步，在这种情况下，建议债权人"宁可要现的，不要欠的"。如果债务人的要求不太过分的话，是可以接受和解协议执行的。

（2）在和解协议里，要加上一句"如果被执行人不按照执行和解协议去履行，债权人有权并且对方也同意按照原判决申请恢复执行"，同时可以附加上相关的违约条款，对债务人进行约束。

（3）如果债权人在诉讼阶段就已经进行了有效的财产保全，其实没必要同意执行和解。

（4）在和解协议执行没有履行完毕或者执行程序没有终结的前提下，最好不要同意债务人请求解除限制高消费、失信被执行名单、出境限制令等一类的执行措施。

虽然执行和解可以加快实现债权，具体操作的时候还是需要慎重。如果当事人不履行和解协议的，人民法院可以根据当事人的申请，恢复对原生效法律文书的执行。一般申请强制执行的流程如下：

（1）申请，原告向下达判决书的法院提交强制执行申请书；

（2）审查立案，法院部门通过审核确定符合强制执行条件的，会接受强制执行申请，立案处理；

（3）通知，法院执行组织接到法院的移交执行书后，通知被告人并责令其在指定期限内履行判决义务；

（4）执行。

四、破产和解程序中的庭外和解

庭外和解是指非法院主持下、当事人在法庭之外自行达成的和解，签署的相关和解协议也未经法院确认（法院确认的形式为出具调解书）。《企业破产法》对破产程序期间的庭外和解作出规定，考虑到程序期间当事人有和解的积极性，法律制度允许当事人采用各种灵活的方式进行协商，而不需要必须在法庭内部"债务人提出和解协议草案，债务人会议一次性投票表决"。

在法庭外和解中，债权人可以扮演更加积极主动的角色。因此，允许当事人在程序之外自行协商解决，体现了尊重私法自治和尽可能地拯救困境企业的精神，也有利于缩短程序时间和节省司法资源。

庭外和解有两类情形，一是在未启动破产程序的情况下，全体债权人与债务人达成的和解；二是在已经启动破产程序的情况下，全体债权人与债务人通过自行协商达成的和解。前者无须人民法院裁定认可即可生效，后者则必须经过人民法院裁定认可方能生效。

庭外和解也有适用条件和范围，其条件必须符合以下几点：

（1）须债务人的破产程序已经开始并依照破产法的规定完成债权申报；

（2）须在法院受理破产申请后，破产宣告前达成协议；

（3）债务人须与全体债务人达成协议；

（4）协议须以债务清偿为基本内容；

（5）协议不得损害有财产担保的债权人的权益；

（6）协议须经人民法院裁定认可。

庭外和解的适用范围包括债权人范围和时间范围。债权人范围必须是所有已申报的债权人，但不必包括未申报的债权人；时间范围也就是说，不论案件受理的初始申请是破产清算、重整还是和解，也不论是否已经启动和解程序，只要尚未对债务人作出破产宣告，都可以进行这种和解。

庭外和解的法律效力，经人民法院裁定，具有与法庭内达成并经人民法院裁定认可的和解协议相同的法律效力。根据《企业破产法》第一百条、第一百零四条、第一百零六条规定：经人民法院裁定认可的和解协议，对债务人和全体和解债权人均有约束力。债务人不能执行或者不执行和解协议的，人民法院经和解债权人请求，应当裁定终止和解协议的执行，并宣告债务人破产。按照和解协议减免的债务，自和解协议执行完毕时起，债务人不再承担清偿责任。

【案例】

某公司由于出现财务状况向债权人申请破产，人民法院受理后，先与主要债权人进行协商，形成了初步的和解条款，然后就这些条款与其他债权人磋商。在这个基础上，该公司拟订了和解协议草案，并通过邮寄的方式分别征求各地的债权人意见，最后分别取得他们的签署同意。该公司将和解协议提交受理破产案件的人民法院认可。此时，A公司尚未被宣告破产。人民法院经审理，予以裁定认可。

五、和解协议的法律效力和终止

债权人和债务人经过和解以后，签订和解协议书，对于争议的问题和债权债务的清偿问题达成一致。至于和解协议书是否具有法律效力，在法律上是有明确规定的。双方在自愿的情形下签订的协议书，只要不违反相关法律的规定，是具有法律效力的，并且对债权人和债务人有不同的效力。

和解协议中的债权人是人民法院受理破产申请时对债务人享有无财产担保债权的人。债权人具备的条件如下：

（1）必须是企业申请破产前就已经存在的债权人，而不是和解协议达成后出现的新债权人。

（2）必须是对债务人享有无财产担保的债权人，有担保的债权人可以通过担保物权的行使获得优先受偿，不列入和解协议的范围；如果债权人自愿发放优先受偿的债权，以实现担保不足以清偿的部分债权，等同于无财产担保的债权。

需要说明的是，即使没有申报的债权人，只要符合以上两点，也属于和解债权人。

《企业破产法》第一百条规定："和解债权人是指人民法院受理破产申请时对债务人享有无财产担保债权的人。和解债权人未依照本法规定申报债权的，在和解协议执行期间不得行使权利；在和解协议执行完毕后，可以按照和解协议规定的清偿条件行使权利。"

和解协议对债务人的法律效力主要表现为：

（1）必须严格履行和解协议的偿债条款，不得拒绝履行或延迟履行；

（2）不得实施任何有损债权人清偿利益的欺诈性财产处分行为；

（3）不得超出和解协议规定的范围对个别债权人实施有损其他债权人利益的额外清偿。

和解协议对债权人的法律效力表现为：

（1）不得超出和解协议规定的数额、时间和方式对债务人进行追索；

（2）不得超出和解协议规定的范围向债务人获取有损其他债权人利益的额外清偿。

【案例】

某公司由于资不抵债，向法院提出破产申请，破产申请被人民法院受理后，该公司债务人与债权人达成和解协议，约定对普通债权人支付50%的清偿，分三年付清。协议生效后，该公司按照协议规定的期限和数额对普通债权人A、B、C进行了清偿。鉴于债权人A是该公司的长期供应商，债务人承诺在对A公司的采购合同中，加价10%作为补偿。债务人和A公司的此项交易在不影响B和C依照和解协议享有的清偿利益的前提下，可以合法生效。

企业申请破产以后，债权人和债务人自行达成和解协议的，破产会终结。破产程序具有不可逆性。为解决破产宣告后债务人企业的挽救问题，企业破产法构建了民事和解制度，即人民法院受理破产申请后，债务人与全体债权人就债权债务的处理自行达成协议的，可以请求人民法院裁定认可，并终结破产程序。

【案例】

某市服装厂因生产经营困难，导致公司难以为继。该市中院依申请裁定受理该服装厂破产清算一案，并指定 A 律师事务所为服装厂管理人。经相关调查和核实，该市中院作出民事裁定，宣告服装厂破产。为了最大限度地保障职工以及债权人的合法权益，各方一致同意保留服装厂主体存续。

在市中院的引导和监督下，服装厂以其已与全体债权人就债权债务处理自行达成和解协议为由，请求市中院裁定予以认可，并终结企业破产程序。

市中院经审查认为，服装厂提交的和解协议系债务人服装厂与该厂全体债权人自愿协商达成，系各方当事人的真实意思表示，未违反法律法规的强制性规定，合法有效，应予以认可，遂依照《企业破产法》的规定裁定予以认可，并终结了服装厂破产程序。

六、破产清算企业知识产权处置

"债务人财产应包括债务人的所有财产，其中包括债务人对不论何处的资产拥有的权益，不论是在法院地国还是在外国，也不论在程序启动时是否为债务人所占有，以及还包括一切有形资产（动产或不动产）和无形资产。"然而，《中华人民共和国企业破产法》（以下简称《破产法》）仅有第六十九条提及知识产权，包括司法解释在内并未对破产过程中知识产权处置安排问题作出明确规定。同时，司法实践中，由于破产企业涉及知识产权的案件合并到破产案件中一并处理，并不单独由人民法院知识产权法庭处理，破产企业的知识产权在破产案件审理中往往被忽视，在破产清算时被遗漏，在资产评估中被低估，这不仅造成破产企业财产的隐性流失，也不利于债权人的利益保护和知识产权的延续。知识产权是企业重要的资产，但因其客体的非物质性，在传统的物质财富观念影响下，企业往往对知识产权并不能产生足够的重视，这种情况对于进入破产程序的企业和管理人来说尤甚，债权人也通常仅将注意力集中在土地房屋、货币资产、矿产、机器设备等传统资产上，而并不关注破产企业的知识产权状况。但在如今，知识产权的价值越来越高，对企业的重要性早已有超过传统资产的趋势，在破产程序中重视和妥善处置知识产权，不仅能更好地保障债权人的利益，也能使债务人经年累积的智慧财富得到传承。知识产权作为企业的重要资产，在破产财产中占有越来越大的份额，忽视知识产权已成为一些破产企业的清算之痛。因此，无论是管理人还是人民法院在处置破产财产时都要注意防止知识产权的隐性流失，切实保护破产企业的无形资产，维护好破产企业、债权人、职工及股东各方的合法权益。

1. 全面清理、科学评估

破产企业的管理人对知识产权的清理、评估和变价，应根据企业知识产权的具体情况采取不同的处理方法，避免评估价值偏低或者有价无市的现象。

（1）要明确知识产权的权属关系。被处分的知识产权必须是企业自主知识产权。如有关知识产权经协商归破产企业与他人共同所有，则必须与他人协商，合理分割；如有关知识产权经协商归破产企业所有，则破产企业应给予他人合理补偿；如有关知识产权完全转归他人享有，则他人给破产企业的补偿应列入破产财产。冒用他人知识产权充作破产财产是违法行为，应追究法律责任。存在权属纠纷的知识产权也不应列入破产财产。

（2）要明确知识产权的权利状况。对已经放弃、不受法律保护的专利权、商标权等应从企业财产中扣除。对已经设定质押的商标专用权，专利权、著作权中的财产权，应从企业财产中单列，根据《企业破产法》和《中华人民共和国担保法》的规定，债权人享有就该担保物(对象)优先受偿的权利。对未设定质押的知识产权或虽设定质押其标的物价款超过其所担保的债务数额的，超过部分统列入企业破产财产。

（3）《中华人民共和国反不正当竞争法》的规定中，知识产权虽难称得上为权利的客体，但其往往具有相当大的价值，如商誉、知名商品的包装装潢、商号、知名商品的特有名称等。商标承载着商誉，但商誉不同于商标，两者既有联系又有区别，除商标外，商号、商品的包装装潢等都可以承载商誉。商誉无法单独被析出进而作价处分，企业虽面临破产，但其商誉仍存在价值较大的可能，在破产程序中，可以通过商标、商号、特有名称等一揽子标志性权利的处置，统筹性地将商誉析出，作价处分。知名商品的包装装潢和特有名称都有着巨大的商业价值，除了背后的商誉外，其显著的识别功能也是其商业价值的来源。知名商品特有名称的价值动辄成百上千万元，商号的价值自不待言。这些利益尚未被法定化为权利的客体，目前仍属于法益的范畴，所以在流转方面稍显不畅，但这些不畅都可通过灵活的合同安排和实操中的设计予以解决。

2. 已被许可使用的知识产权的处理

若知识产权已被许可使用，则一定要保护受让人的利益。破产企业处分其知识产权应不影响处分前其与他人订立的许可使用合同的效力，合同另有约定的除外。如合同期未满，则应保证合同履行，原许可使用合同约定的权利与义务由有关知识产权处分后新的权利人承担。

若要解除许可使用合同，管理人及破产企业应遵循实现债务人财产价值最大化的原则，按照《企业破产法》第五十三条的规定，作出合理的判断，决定是否解除知识产权许可使用合同。

3. 恶意行为可撤销

根据《企业破产法》第三十一条的规定，法院裁定受理破产案件前一年内，如果破产企业对其知识产权有下列行为，管理人有权申请撤销：（1）无偿转让知识产权；（2）明显不合理地降低许可使用费许可使用知识产权；（3）对原来没有财产担保的债务提供知识产权质押；（4）对未到期的债务以知识产权折价提前清偿；（5）放弃与自己有关的知识产权债权。

根据《企业破产法》第三十二条的规定，法院裁定受理破产申请前六个月内，破产企业对其知识产权有下列情形的，管理人有权申请人民法院予以撤销：企业法人不能清偿到期债务，并且资产不足以清偿全部债务或者明显缺乏清偿能力的，仍以知识产权对个别债权人清偿的（个别清偿使债务人财产受益的除外）。

破产企业有以上行为的，管理人有权向人民法院申请追回财产，追回的有关财产并入破产财产。

管理人处置破产企业知识产权后，应及时为买受人办理转让登记，否则会面临注册商标专用权被终止的风险。

七、和解无效和执行完毕的破产宣布

和解协议虽然在企业破产方面能够对债权人和债务人起到法律约束，以及在挽救企业方面比破产清算更有优势，但有的和解协议是无效的。比如，《企业破产法》第一百零三条规定，因债务人的欺诈或者其他违法行为而成立的和解协议，人民法院应当裁定无效，并宣告债务人破产。

和解协议属于民事合同的范畴，所以一定要具备构成合同的有效要件，如果不具备合同的有效要件，和解协议被裁定为无效协议。

无效的和解协议应符合以下要件：

（1）一方以欺诈、胁迫的手段订立合同，损害债权人和国家利益的，如债务人实施欺诈行为，给债权人造成损害的；

（2）债务人实施欺诈行为存在主观故意，如恶意串通，损害集体或第三人利益的；

（3）债权人因债务人的欺诈而陷入错误，以合法形式掩盖非法目的；

（4）债权人并不知道债务人的行为是欺诈。

其中，债务人的欺诈行为可能表现为采取隐瞒真相、虚构事实的方式，虚构或隐瞒其自身的负债、财产和营业状况等信息，虚构其履行和解协议的能力，提供虚假的和解协议执行担保等。

【案例】

某公司由于投入大量资金开发一项新技术，导致对多家公司形成了负债。该公司以无力偿债为由向人民法院申请破产和解。经和解程序，该公司与债权人达成了减免 50% 债务的和解协议。事实上，在破产申请前，该公司的技术成果已经成熟并且与 A 投资基金达成合作意向。和解协议执行完毕后，债权人发现，债务人将该技术成果以远高于破产时资产评估的作价，与 A 投资基金合资成立了 B 公司。债权人以债务人欺诈性和解为由，向受理破产案件的人民法院提起诉讼。人民法院经审理，裁定和解协议无效，并宣告该公司破产。经管理人变卖公司持有的 B 公司股权，债权人获得了全额清偿。

和解协议无效要面临的法律后果如下：

1. 和解协议被裁定无效，债务人会被宣告破产

和解协议正是为了避免公司走向破产清算的命运而采取的措施，如果和解协议无效，那么这个前提就不存在了，债务人会被宣告破产。

2. 法院在裁定和解协议无效时有两种情况

一是和解协议被裁定无效时尚未执行，这种情况下不存在对债务人已获部分清偿的处理问题。二是在和解协议被裁定无效时已经执行，这种情况下债权人因和解协议的执行而受领的部分清偿，视为无效清偿，应予以返还。但是考虑到程序的烦琐和最后债权人依然还接受清偿，因此只对于多出的部分予以返还，计入债务人的破产财产。

3. 追究债务人的责任

如果和解协议因债务人的违法行为而导致和解协议无效的，法院会追究债务人的法律责任。根据《企业破产法》第一百二十七条规定："债务人违反本法规定，拒不向人民法院提交或者提交不真实的财产状况说明、债务清册、债权清册、有关财务会计报告以及职工工资的支付情况和社会保险费用的缴纳情况的，人民法院可以对直接责任人员依法处以罚款。 债务人违反本法规定，拒不向管理人移交财产、印章和账簿、文书等资料

的，或者伪造、销毁有关财产证据材料而使财产状况不明的，人民法院可以对直接责任人员依法处以罚款。"

4. 债权人在和解协议中承诺的债权调整失去效力

如果债务人因违反和解协议而被宣告破产，债权人以拯救破产企业而作出的债权让步失去意义，债权人仍然持原有的债权参加破产清算。

5. 和解协议的终止不影响和解协议已履行部分的效力

债权人受领的清偿仍然有效。企业宣告破产清算的债权额，实际应为已经申报并获得确认的债权额减去已受领清偿额以后的余额。

6. 同一类别的债权获得同等受偿

获得部分清偿的债权人，其未受清偿部分作为破产债权参与破产分配，为了公平原则，同一类别的债权获得同等受偿。已受清偿的债权人，只有在其他债权人同自己所受清偿达到同一比例时，才能继续接受分配。

第九章
企业破产清算

第九章　企业破产清算

一、破产清算组的成立与组成

企业申请破产以后，如果没有条件进行重整以及和解程序的话，那么面临的就是破产清算。

破产清算是指宣告破产以后，由清算组接管企业，对破产财产进行清算、评估和处理、分配。清算组由人民法院依据有关法律规定，组织股东、有关部门及有关专业人士组成。所谓有关部门一般包括国有资产管理部门、政府主管部门、证券管理部门等，有关专业人员一般包括会计师、律师、评估师等。

企业清算是企业在解散过程中了结公司债务，分配剩余财产，结束与企业有关的一切法律关系的一种行为。企业的董事和控制股东如果未在法定期内成产清算组开始清算，导致企业的财产贬值、流失、毁损或灭失，债权人主张其在造成损失范围内对企业债务承担赔偿责任的，人民法院应依法予以支持。

清算组也称清算机构，是企业经营终止后执行清算事务并代表企业行使职权的权务机构，它负责企业清算期间的一切事宜。《企业破产法》及相关司法解释，对国有企业而言，清算组成员由人民法院从企业上级主管部门、政府财政部门等有关部门和专业人员中指定。对非国有企业而言，清算组成员可从律师、会计师、审计师或资产评估师等专业人员中聘用组成，当然前提条件是这些聘用人员必须经审理破产案件的人民法院认可。因为，按照《企业破产法》的规定，清算组须对人民法院负责并且报告工作，而不是对破产企业股东会或上级主管部门负责并报告工作。另外，法律还规定：破产企业清算组可以聘任必要的工作人员参与破产清算工作。

对于破产清算组的选任，主要有以下三种形式：

（1）由法院选任。法院在破产程序中占据主导地位，独立行使对破产安全的审判权，不受债权人会议影响，债权人会议对破产管理人的选任不服的，只能向法院提出异议。

（2）由债权人会议选任破产管理人。破产程序是为债权人的共同利益而进行的，负责破产清算的机构应由债权人会议选任。

（3）法院任命和债权人会议相结合。以债权人会议选任为主，在一定期间内债权人未能选任出破产管理人的，则由法定机关任命。

清算组成立后，清算组成员在办理清算事宜期间应当忠于职守，履行法定义务。依照法律程序进行清算义务，只有法律规定的程序得到全面的执行，公司清算的目的才能得以实现。清算组在执行清算事务过程中，目的在于了解企业的业务，为了完成这项任务，甚至可以暂时经营业务，清算组成员的工作性质可视为取代企业董事职务而清算事务。清算组负有对第三人的相关义务。清算组成员在执行清算事务过程中，是企业的负责人。对于清算事务的执行，须尽注意义务，如果有违反法律的情形，因故意或过失给企业造成损失的，对其他债权人造成损害的，应承担相应的赔偿责任。

清算组有以下义务：

（1）通知债务人申报债权，发布公告；

（2）清理企业财产，分别编制资产负债表和财产清单；

（3）处理企业清偿债务后的剩余财产；

（4）代表企业参与民事诉讼活动。

公司清算时，清算组应当按照《中华人民共和国公司法》第一百八十六条的规定，将企业解散清算事宜书面通知全体已知债权人。清算组未履行通知和公告义务，导致债权人未及时申报债权而未获清偿，债权人主张清算组成员对因此造成的损失承担赔偿责任的，人民法院应依法予以支持。

二、什么样的企业能申请破产清算

当企业遇到生产经营困难或现金流断裂的情况下，一般会出现无偿债能力和资不抵债的状况，企业很大程度会面临破产境地。那么，是所有的经营不下去的企业都可以提出破产申请吗？

《企业破产法》第七条规定，企业如果不能清偿到期的债务，债权人就可以申请其破产重整或者清算。这里的企业适用范围不仅包括国有企业法人，同时包括承担有限责任的其他所有制的企业法人、具有法人资格的集体企业、民营企业以及设在中国领域内的中外合资经营企业、中外合作经营企业和外资企业等。目前，合伙企业、民办学校、农民专业合作社、个人独资企业也可参照适用破产清算程序。

在申请破产的时候，除了债权人之外，企业职工和税务机关、社会保险费管理部门也可以向受理破产申请的人民法院提起破产申请。如果是国有企业作为债务人申请破产的时候，上级主管部门是以所有者代表的身份作出是否同意申请破产的认定。而非国有企业中，企业的开办人或者股东会、股东大会都可以以企业所有者的身份作出破产的决定。

【案例】

A 公司租借了 B 公司的房屋用来经营食品，欠 B 公司 500 万元，债务到期后A公司由于资产不足以清偿全部债务，于是B公司向人民法院申请对A公司进行破产清算，并向人民法院表示，自己是债权人且债权额度是500万元。然而，经查明A公司已经在市场监管局核准注销登记。A公司的控股股东承诺：公司一切未尽事宜均由自己承担。

在诉讼过程中，B公司提交了与A公司房屋租赁纠纷的民事判决书，证明A公司的确对B公司有500万元的负债，B公司申请的破产清算符合法律规定。对于A公司注销的事实，B公司认为"A公司可以作为被申请人"。因为《企业破产法》第七条规定，公司没有清算就被注销，属于违法行为，B公司作为债权人有申请权。因此，法院受理了B公司提出的对A公司进行破产清算的申请。

企业申请破产清算的法律依据是《企业破产法》的第七条规定，债权人提出破产清算申请有三种情形。

（1）债务人自行提出。债务人不能清偿到期债务，并且资产不足以清偿全部债务或者明显缺乏清偿能力的，债务人可以自己申请破产清算。以上案例中的A公司因为自己到期不能清偿B公司的债务，而且A公司自身所有的资产都不足以清偿所有的外债，或者因为种种原因，明显已经缺乏清偿能力的，A公司可以自行向法院申请破产清算。

（2）债权人提出。债务人不能清偿到期债务的，债权人可以申请破产清算；也就是说，如果B公司提出，A公司不能清偿到期债务的，B公司可以以A公司债权人的身份，向法院申请对A公司的破产清算。

（3）清算责任人提出。企业法人已解散但未清算或者未清算完毕，资产不足以清偿债务，依法负有清算责任的人应当申请破产清算。

如果企业达到了破产的条件，而《企业破产法》没有规定的，适用《中华人民共和国民事诉讼法》的有关规定，根据"谁主张谁举证"的基本规则。债权人申请破产案件还需要向法院提交以下材料：

（1）债权发生的事实与证据；

（2）债权性质、数额、有无担保，并附证据；

（3）债务人不能清偿到期债务的证据。

在司法实践中，一般法院还会要求债权人提供债权人及债务人的主体资格证明。申请债务人重整的，还应向法院提交重整的必要性和可行性评估报告。

三、自行清算与强制清算的区别

自行清算是指公司进行破产程序后的依法清算，清算组应当自成立之日起10日内将清算组成员、清算组负责人名单向公司登记机关备案。

强制清算是指公司因违法行为被主管机关依法责令关闭而进行的清算。人民法院是公司强制清算的组织者。申请公司强制清算的主体可以是公司的债权人，在特定情况下也可以是公司股东。强制清算是指公司因违法行为被主管机关依法责令关闭而进行的清算，或因不能清偿到期债务被法院宣布破产而进行的清算。

自行清算与强制清算的区别如下：

1. 清算的原因不同

破产清算是因为被吊销营销执照，责令关闭或被撤销，或公司章程规定的解散事由出现等原因。而强制清算是因为公司法人资不抵债，不能清偿到期债务，且资产不足以清偿全部债务，或明显缺乏清偿能力。自行清算是公司出现解散事由之日起15日内，公司组成清算组开展清算。清算组的组成：有限公司股东；股份公司由董事、股东大会确定的人员。清算组制订清算方案，报股东会确认，未经确认的，不得执行。

2.破产清算可以由公司自行清算，强制清算由依法组成的清算组进行清算

强制清算是逾期未开展自行清算的，拖延或违法清算损害债权人或股东利益的，债权人、股东、董事、其他利害关系人可申请法院指定清算组。清算组人员法院可在股东、董监高中指定；律所、会计师事务所、破产清算事务所；中介机构中有资质的个人。

强制清算一般有以下几种情况：

（1）股东会或股东大会决定解散；

（2）人民法院依法解散公司；

（3）公司章程规定的解散事由出现，比如营业期限届满；

（4）公司被吊销营业执照，责令关闭或者被撤销。

自行清算一般需要提交的材料清单：

（1）公司清算组负责人签署的、加盖公章的《公司备案申请表》；

（2）公司签署的、加盖公章的《指定代表或者共同委托代理人的证明》及指定代表或委托代理人的身份证复印件(本人签字)，且应标明具体委托事项、被委托人的权限及委托期限。

3.成立清算组的股东会决议或股东大会决议等决议文件

（1）有限责任公司提交关于成立清算组的股东会决议(由代表三分之二以上表决权的股东签署，股东为自然人的由本人签字，自然人以外的股东加盖公章)；

（2）股份有限公司提交股东大会关于成立清算组的决议(由代表三分之二以上表决权的发起人加盖公章或者股东大会会议主持人及出席会议的

董事签字确认)；

（3）一人有限责任公司提交股东关于成立清算组的书面文件 (股东为自然人的由本人签字，法人股东加盖公章)；

（4）国有独资公司提交出资人或授权部门关于成立清算组的书面文件 (加盖出资人或授权部门公章)。

4. 公司登记机关要求提交的其他材料

《全国法院民商事审判工作会议纪要》第一百一十七条规定："债务人同时符合破产清算条件和强制清算条件的，应当及时适用破产清算法定程序实现对债权人利益的公平保护。债权人对符合破产清算条件的债务人提起公司强制清算申请，经人民法院释明，债权人仍然坚持申请对债务人强制清算的，人民法院应当裁定不予受理。"

那么，公司股东在什么情形下可以申请法院对破产企业进行强制清算来保障自身的合法权益呢？

【案例】

某旅游公司因受疫情影响严重，公司将近一年没开展业务，于是公司召开股东大会并形成股东会决议：解散公司。决议形成后，公司股东未在法定期限内成立清算组，股东集团向当地法院申请对公司进行强制清算。法院经审查认为，该旅游公司系依法成立的有限责任公司，现公司已形成股东会决议解散公司，公司应当自股东会作出解散决议之日起15日内成立清算组，开始清算。鉴于该公司解散后未能在法定期限内成立清算组进行清算，其股东集团申请法院指定清算组对公司进行清算，符合法律规定。最终，当地法院裁定受理该旅游公司并裁定该公司的强制清算申请生效。

四、破产清算中的取回权、别除权和撤销权

在破产清算中,有几种重要的权利,分别是取回权、别除权和撤销权,我们一一来看。

1. 取回权

根据《企业破产法》第三十八条规定,人民法院受理破产申请后,债务人占有的不属于债务人的财产,该财产的权利人可以通过管理人取回。债务人基于仓储、保管、加工承揽、委托交易、代销、借用、寄存、租赁等法律关系占有、使用的他人财产,财产权利人有权取回。简单理解取回权,就是管理人对于不属于破产人所占有的财产,有权收回。这种财产既可以是破产现在占有的,也可能是曾经占有的或者即将占有的。管理人对收回的财产具有所有权和支配权。行使取回权不通过破产程序,但必须以破产管理人为相对人。管理人对于债务人"善意侵权",但此时对该财产的管理处分仍由破产管理人行使。取回权人行使取回权,取回自己的财产,并不是接受债权清偿,所以无须通过破产程序。

2. 别除权

根据《企业破产法》第三十二条规定,破产宣告前成立的有财产担保的债权,债权人享有就该担保物优先受偿的权利。这种债权就是别除权。简单理解就是将破产人特定的财产从破产财产中区别排除出来,授予债务人就该财产变卖所得价款优先其他债权人受偿的权利。《企业破产法》第一百零九条规定:"对破产人的特定财产享有担保权的权利人,对该特定

财产享有优先受偿的权利。"这可以从两个方面对别除权进行判定。首先，对破产人的特定财产享有担保权的权利人，对该特定财产享有优先受偿的权利。其次，别除权之债权属于破产债权，其担保物属于破产财产，别除权人享有破产申请权，也应当申报债权。以实现债权全部清偿为限度，如果清偿债权以后仍有余额，则该余额当归属于破产财产。

享有别除权的债权人，称为别除权人。别除权人能够单独享受优先受偿，可以在全体债权人的集体清偿程序以外个别地、排他地接受清偿，而不受破产清算程序进展情况的影响。

别除权的行使要符合三个条件。

（1）债权和担保权必须符合《中华人民共和国民法典》中的有关规定。当事人之间必须是具备完全行为人相应的民事行为能力、意思表达真实，不违反法律或社会公共利益的基本条件。

（2）债权和担保必须符合破产法的规定。债权和担保必须指向的是破产人及其财产。债权和担保权必须成立于破产宣告之前。债权和担保的成立不存在破产法上的无效或可撤销事由。

（3）债权必须经过依法申报并获得确认。债权申报是债权人参加破产程序的必经程序，未获确认的有担保债权不享受别除权的地位。

3. 撤销权

撤销权指债权人或破产管理人对债务人所实施的危害债权的行为，如不合法转让的财产，可请求法院予以撤销的权利。将被转移的财产打回原形，变为可继续执行的可执行财产。债权人撤销权的构成要件，首先是债权人需要债务人享有合法有效的债权，且债权应在债务人实施侵害行为发生时已经存在。其次是债务人实施了使自己财产不当减少的行为，如诈害行为。最后是债务人的诈害行为影响了债权人实现其合法债权。

债权人撤销权指在债务人实施的处分行为影响到债权人的债权实现时，债权人享有的依诉讼程序申请法院撤销债务人实施的行为的权利。比如，债务人原本有一套房，却不履行还款义务，反而将房屋赠送他人，或者与他人合谋将房屋以不合理的低价进行转让，这时债权人可以向人民法院提起诉讼，请求撤销该赠与行为或者撤销该不合理低价转让合同，被撤销以后财产或者价款会回归原主，也就是回归债务人。这时，债权人就能执行到相应的财产了。行使债权人撤销权，优点是债权人由此支出的律师费可以由债务人承担。撤销权的行使具有期限，应自债权人知道或者应当知道撤销事由之日起，一年内行使。自债务人的行为实施之日起五年内没有行使撤销权，该撤销权消灭。撤销权的有效行使建立在对债务人资讯状况进行全面的调查和评估基础上，了解债务人的财产情况并进行动态跟踪，才能及时发现其擅自处分财产的行为。

五、破产财产的处理和分配

破产清算程序完成的标志就是对于破产财产的处理和分配，管理人会依照法定顺序并经债权人会议通过的分配方案，对全体债权人进行平等清偿的程序。

破产财产的处理和分配具有以下特征：

（1）破产分配由管理人负责实施；

（2）破产分配以变价后的破产财产为标的，包括财产变现所得的现金和因不能变现而需要折价分配的实物、投资权益、债权等；

（3）破产财产的处理和分配具有强制执行力；

（4）破产财产分配的接受人仅以破产债权人为限；

（5）破产分配是以法定顺序进行的公平分配。

破产财产的处理一般遵循的顺序是，优先拨付破产费用，包括管理人费用、变更和分配所需要的费用、聘任工作人员的费用、破产案件的诉讼费用，以及为债权人共同利益而在破产程序中支付的其他费用。优先顺序清偿完毕后，有剩余财产的，进行下一顺序的清偿。在清偿中，破产财产足够清偿的，予以足额清偿；不足清偿的，按比例清偿，按比例分配后，无论是否有未获分配的下一顺序债权，破产分配即告结束。

破产财产分配的法定顺序依据《企业破产法》规定，为："破产财产在优先清偿破产费用和共益债务后，依照下列顺序清偿：（1）破产人所欠职工的工资和医疗、伤残补助、抚恤费用，所欠的应当划入职工个人账户的基本养老保险、基本医疗保险费用，以及法律、行政法规规定应当支付给职工的补偿金（第一顺序）；（2）破产人欠缴的除前项规定外的社会保险费用和破产人所欠税款（第二顺序）；（3）普通破产债权（第三顺序）。

【案例】

H 公司破产进入清算程序后，其破产费用和共益债务已经清偿完毕。在破产财产的分配上，按照法定顺序，首先需要对公司的 8 名员工进行清偿，所欠职工工资 22 万元，医疗保费 24 万元。这样该破产公司所欠的第一顺位债权总额为 22 万元，第二顺位是 24 万元，需要清偿公司普通债权 33 万元。

H 公司的破产财产清偿了破产费用和共益债务之后还剩下 20 万元，不足以全额清偿第一顺位的 22 万元，只能按照 50% 的比例清偿，因此，第一顺位的 8 位员工只能获得其债权额的一半。处于第二、第三顺位的社保债权、普通债权不能受偿。如果清偿了破产费用和共益债务之后还剩余

30万元,则第一顺位的22万元能全额受偿,还余8万元用于第二顺位清偿。第三顺位无清偿。

如果清偿了破产费用和共益债务之后用于清算分配的破产财产为60万元,则前两个顺位全额受偿后,还剩14万元用于第三顺位的清偿。

分配的方式一般以货币(金钱)分配方式进行,如果债权人会议另有决议的除外。除了现金分配方式外,破产法允许以现物进行分配,现物包括不动产、动产、债权、股权、知识产权等有形物和无形物,不经过变现,以原物折价的方式对债权人进行清偿。

当公司申请破产清算后,企业的知识产权列入破产财产进行破产清算,由管理人制订知识产权处理的变价方案,如制订对知识产权的变卖、拍卖方案,将上述变价方案交由债权人会议讨论通过,执行拍卖或协议转让等程序,所得收益按照破产财产清偿顺序进行处理。

六、破产分配方案和未受领分配额的处理

破产财产在清偿了破产费用和共益债务之后用于清算分配后,管理人应当及时拟订破产财产分配方案,提交债权人会议讨论。

破产财产分配方案中应当不能缺少的要素包括:

(1)参加破产财产分配的债权人名称或者姓名、住所;

(2)参加破产财产分配的债权额;

(3)可供分配的破产财产数额;

(4)破产财产分配的顺序、比例及数额;

(5)实施破产财产分配的方法。

债权人会议通过破产财产分配方案后，由管理人将该方案提请人民法院裁定认可。

破产分配方案是载明破产财产分配的各破产债权人如何获得破产分配的书面文件。本质是全体债权人达成的共识，管理人按照这一共识进行破产财产的清算分配。

破产分配方案的生效，首先需要根据《企业破产法》第六十四条规定，债权人会议通过破产财产表决，债权人过半数通过，并且其所代表的债权额占无财产担保总额的二分之一以上。破产财产分配方案经债权人会议第一次表决未通过的，破产管理人应作出解释说明或修改破产财产分配方案，经债权人会议第二次表决仍未通过的，破产管理人应将破产财产分配方案提交人民法院裁定。人民法院在裁定认可前，通过审理，如果分配方案符合法律并且没有损害债权人利益的事情，通过程序合法的，应当裁定认可。

破产财产分配方案经人民法院裁定认可后，由破产管理人执行，并予以公告和以书面方式通知债权人。公告的内容包括分配的时间、地点、分配的方式、债权人接受分配的要求、破产管理人的联系方式等。破产分配开始的事实，经公告后，所有的债权人均视为已知。如果在公告后两个月债权人未领取分配的，视为放弃领受分配的权利。数额小的破产财产可以进行一次分配，破产财产数额大变现时间长的，可以进行多次分配。需要进行多次分配的，管理人对于每次的分配方案都要进行公告。实施一次性分配的，该次分配即为最后分配。实施二次以上分配即多次分配的，其中，最后一次分配为最后分配。

破产财产分配也可以进行追加分配，一般要符合以下条件：

（1）债权人应自破产程序终结之日起两年内向人民法院提出申请；

（2）追加分配的财产数额足以支付分配费用。

对于未受领分配额的处理，《企业破产法》第一百一十八条规定："债权人未受领的破产财产分配额，管理人应当提存。债权人自最后分配公告之日起满二个月仍不领取的，视为放弃受领分配的权利，管理人或者人民法院应当将提存的分配额分配给其他债权人。"

对于逾期不领取提存分配额的处理是，债权人如果自分配公告之日起满两个月不领取的，视为放弃分配受领权利。该分配额归为破产财产，继续分配给其他债权人。提存额被再分配的债权人，不得在以后的追加分配中要求补偿。

【案例】

W公司破产程序进入了财产分配阶段，债权人A获分配额6万元。最后分配公告日为6月15日。截至8月15日，债权人A仍未领取。管理人将提存的6万元分配给其他债权人。破产程序终结后，债权人B发现A在人民法院受理破产申请前1年内曾放弃对B的债权12万元，遂请求人民法院予以追回。人民法院实施追回时，B主张以A未领取的6万元破产分配额抵销后，仅返还6万元。B公司的这一主张不能成立。

破产财产的追加分配由人民法院负责，该制度旨在通过对破产企业恶意逃债行为的阻遏，实现对破产财产的再发现和再分配，有利于实现破产财产价值的最大化，提高破产清偿率。

七、企业破产中的拍卖流程

破产财产的拍卖是指将破产财产以公开竞争的方式，确定被拍卖财产的价格，并将其出卖给出价最高的买受人的一种特殊买卖方式。企业依法宣告破产后，管理人将需要变现的破产财产交由专业拍卖交易中介机构，按确定的竞卖程序，将破产财产出售给出价最高的竞买人。根据《企业破产法》第一百一十二条规定，变价出售破产财产应当通过拍卖进行。但是，债权人会议另有决议的除外。

破产企业可以全部或者部分变价出售。企业变价出售时，可以将其中的无形资产和其他财产单独变价出售。想通过非拍卖的其他方式变价出售破产财产，该财产变价方案必须取得债权人会议通过，否则法院将不予支持。另外，按照国家规定不能拍卖或者限制转让的财产，应当按照国家规定的方式处理。比如，对企业的某些固定资产、有价证券、未出售的产品、无形资产、成套设备等的拍卖要有所限制。

即使允许拍卖的固定资产，在拍卖程序或应买人的范围上也有如下限制：

（1）国有资产必须经过国有资产管理部门批准后，才能进行拍卖；

（2）国有土地使用权以拍卖形式出让，必须按国家土地使用权出让的有关规定处理；

（3）车、船、房子等拍卖，必须办理过户手续，否则，拍卖不能生效；

（4）法律规定的自然资源不能拍卖；

（5）涉及文物的，必须经国家文物管理部门鉴定批准后，才能拍卖；

（6）破产财产中的高、精、尖类设备及特殊设备，尽可能地出让给同类企业或需要这些设备的国有企业。

在拍卖破产财产的时候，管理人需要向拍卖人出具的法律文件包括：

（1）委托人身份证明文件（法院指定管理人的司法文书）；

（2）破产企业债权人会议同意相应财产进行拍卖处理的决议；

（3）具备法律证明的拍卖财产的权属、性质、用途等证明文件（图片、视频、文字）等。

拍卖人对委托人提供的资料进行审核，并实地进行查看拍卖标的，无异议的情况下签订委托拍卖合同。在确定拍卖日期以后进行提前7日的公告。公告的内容应真实、客观，包括拍卖的时间、地点、起拍价或确定方式、保证金数额、支付方式、支付期限等相关事宜。然后召开拍卖会进行拍卖程序，登记竞买者，最后进行拍卖结算，记入档案资料。

第十章
合伙企业破产的特殊性

一、合伙企业破产的规定和破产申请

合伙企业虽然与普通企业有所不同,但也可以进行破产申请、破产清偿等。合伙企业不能清偿到期债务的,债权人可以依法向人民法院提出破产清算申请,也可以要求普通合伙人清偿。《企业破产法》中并没有特别明确规定合伙企业可适用的破产程序,但《合伙企业法》允许合伙企业的债权人根据不同情况作出选择,既可以直接向合伙人追债,也可以向人民法院提出破产申请。

合伙企业不像普通企业,合伙人有无限连带责任,如果合伙企业出现资不抵债的情况,只有全体合伙人都不能清偿合伙债务时才能对合伙企业适用破产程序,在启动破产清算程序时只能由债权人申请,合伙人或者合伙企业自身无权提出。

合伙企业可以进行破产清算,但没有规定合伙企业可以进行破产重整和破产和解,这是合伙企业不同于普通企业的特殊性。合伙企业依法被宣告破产的,普通合伙人对合伙企业债务仍应承担无限连带责任。

合伙企业什么情况下适用破产清算呢?根据《中华人民共和国合伙企业法》第八十五条规定,合伙企业有下列情形之一的,应当解散[①]:

(1)合伙期限届满,合伙人决定不再经营;

(2)合伙协议约定的解散事由出现;

[①] 朱少平.《中华人民共和国合伙企业法》释义及实用指南[M].北京:中国民主法制出版社,2013.

（3）全体合伙人决定解散；

（4）合伙人已不具备法定人数满三十天；

（5）合伙协议约定的合伙目的已经实现或者无法实现；

（6）依法被吊销营业执照、责令关闭或者被撤销；

（7）法律、行政法规规定的其他原因。

据《中华人民共和国合伙企业法》第八十六条规定："合伙企业解散，应当由清算人进行清算。清算人由全体合伙人担任；经全体合伙人过半数同意，可以自合伙企业解散事由出现后十五日内指定一个或者数个合伙人，或者委托第三人，担任清算人。自合伙企业解散事由出现之日起十五日内未确定清算人的，合伙人或者其他利害关系人可以申请人民法院指定清算人。"第八十八条规定："清算人自被确定之日起十日内将合伙企业解散事项通知债权人，并于六十日内在报纸上公告。债权人应当自接到通知书之日起三十日内，未接到通知书的自公告之日起四十五日内，向清算人申报债权。债权人申报债权，应当说明债权的有关事项，并提供证明材料。清算人应当对债权进行登记。清算期间，合伙企业存续，但不得开展与清算无关的经营活动。"

二、合伙企业破产清算

合伙企业的清算主要包括以下内容：一是确定清算人，二是清算人依法执行相关事务，三是通知债权人，四是依法定顺序清偿债权，五是清算结束申请注销登记，六是注销登记后合伙人依法承担责任等。

清算人的产生分为三种情况。

1. 由全体合伙人担任清算人

合伙企业中合伙人是财产的所有者,合伙人有权对合伙企业的债权、债务作出最后的安排。合伙人担任合伙企业的清算人,有以下优点:一是对合伙人而言,能够使合伙企业的清算比较全面、客观、公正,从而避免个别合伙人的利益受到损害;二是对于合伙企业而言,可以减少因清算所产生的纠纷,提高清算工作效率,同时可以减少企业清算成本,达到清算经济目标。

2. 由合伙人指定或委托清算人

如果未能指定全体合伙人担任清算人的话,并且全体合伙人过半数同意,自合伙企业解散后15日内指定或委托第三人担任清算人。指定和委托的清算人没有人数限制,由合伙人根据具体情况确定清算人。

3. 由人民法院指定清算人

如果合伙企业未能由全体合伙人担任清算人,在法定期限内没确定清算人,由合伙人或其他利害关系人提出申请,这样人民法院就能为合伙企业指定清算人。

有了清算人之后,清算人要执行下列事务:

(1)清理合伙企业财产,分别编制资产负债表和财产清单;

(2)处理与清算有关的合伙企业未了结事务;

(3)清缴所欠税款;

(4)清理债权、债务;

(5)处理合伙企业清偿债务后的剩余财产;

(6)代表合伙企业参加诉讼或者仲裁活动。

合伙企业的清算程序要注意以下事项:

(1)合伙企业财产在支付清算费用和职工工资、社会保险费用、法定补偿金以及缴纳所欠税款、清偿债务后的剩余财产，可以按照合伙协议的约定进行分配。合伙协议未约定或者约定不明确的，由合伙人协商决定；协商不成的，由合伙人按照实缴出资比例分配、分担；无法确定出资比例的，由合伙人平均分配、分担。

（2）合伙人在合伙企业清算前，不得请求分割合伙企业的财产。合伙人在合伙企业清算前私自转移或者处分合伙企业财产的，合伙企业不得以此对抗善意第三人。

（3）合伙人的出资、以合伙企业名义取得的收益和依法取得的其他财产，均为合伙企业的财产。

合伙企业破产清算方式如下：

（1）全体合伙人对合伙经营的亏损额，对外应负连带责任；对内则应按协议约定的债务承担比例或者出资比例分担；协议中未约定上述比例的，可以按照约定的或实际的盈余分配比例承担。但是对造成合伙经营亏损有过错的合伙人，应当根据过错程度相应地多承担责任。

（2）只提供技术性劳务的合伙人，对外也承担连带责任；对内则应按照协议约定的债务承担比例或技术性劳务折抵的出资比例承担；没有上述比例的，可以按照约定的或者实际的盈余分配比例承担；没有盈余分配比例的，按照其余合伙人平均投资比例承担。

（3）合伙经营期间发生亏损，合伙人退出合伙时未按约定分担或者未合理分担合伙债务的退伙人对原合伙的债务，仍应当承担法律责任。

三、合伙企业破产的财产范围和构成

合伙企业破产财产是指破产宣告时及破产程序终结前,合伙企业破产合伙人所有的供破产清偿的全部财产,其着眼点是财产的构成与来源。破产主要是指债务人不能清偿到期债务时,对其财产清算分配的一种特别程序,而且各国法律上规定的破产财产实体概念并不相同,所以,我们便将形式意义上的破产财产作为其概念,而将实体意义上的破产财产称为破产财产的构成范围。

合伙企业存续期间,合伙企业的财产主要由两部分组成:一是合伙人出资形成的财产;二是合伙经营创造和积累的财产,即以合伙名义取得的收益。

由于合伙人对合伙财产的共有性,合伙人对合伙企业的财产亦享有共同的处分权。

1. 合伙人出资财产

在合伙人的出资财产中,不同的出资所反映的性质不完全一样。以现金或明确以财产所有权出资的,意味着所有权的转移,出资人不再享有出资财产的所有权,而由全体合伙人共有。以房屋使用权、土地使用权、商标权、专利权等权利出资的,这些权利属于出资人,合伙企业只享有使用管理权。这类出资,在合伙人退伙或者合作企业解散时,合伙人有权要求返还原物。

2. 合伙积累的财产

《中华人民共和国民法典》规定,合伙人投入的财产,由合伙人统一管理和使用。合伙经营积累的财产，归合伙人共有。合伙人的自有财产不足清偿合伙债务的，可以依法请求其他合伙人清偿。这种共有从本质上讲是一种按份共有关系，但只在分配利润、退伙以及解散清算时，合伙人既不得以份额比例才具有实际意义。在其他情形下，合伙人既不得以份额比例要求分割财产，也不得按份额大小决定合伙人管理使用合伙财产以及执行合伙企业事务等权利的多少。依据我国相关法律的规定，合伙期间积累的财产，按照合伙协议的约定办理；合伙协议未约定或者约定不明确的，由合伙人协商决定，协商不成的，按出资比例分配。

根据《中华人民共和国合伙企业法》第三十三条规定："合伙企业的利润分配、亏损分担，按照合伙协议的约定办理；合伙协议未约定或者约定不明确的，由合伙人协商决定；协商不成的，由合伙人按照实缴出资比例分配、分担；无法确定出资比例的，由合伙人平均分配、分担。合伙协议不得约定将全部利润分配给部分合伙人或者由部分合伙人承担全部亏损。"

各合伙人对合伙经营积累的财产是共同共有还是按份共有关系，取决于合伙人之间是否有明确约定。

（1）合伙人对合伙经营积累的财产有明确约定的，按照协议约定为按份共有或者共同共有。

（2）合伙人对合伙经营积累的财产没有约定或者约定不明确的，视为按份共有。

（3）按份共有的财产份额确定：

①按照约定份额享有；

②没有约定份额或者约定不明确的，按照出资额确定；

③不能确定出资额的，视为等额享有。

四、合伙企业破产的债权清偿

合伙企业的破产财产债权清偿又称为财产分配,是指由清算人把变卖财产所得的金钱,按照破产债权的偿还顺序,对应其金额,而对各相关债权人所进行的清偿过程。债权清偿是破产程序的最后环节,也是债权人参与破产程序的目的所在。债权人确认破产财产,处理破产财产,其最终目的在于破产分配,所有与破产程序有关的利害关系人的目光都集中在最后的破产财产的分配上。

合伙企业财产清偿包括三个方面。

(1)合伙企业的财产首先用于支付合伙企业的清算费用,一般包括管理合伙企业财产的费用,如保管费、仓储费、保险费等;其次处分合伙企业财产的费用,如聘任工作人员的费用;最后清算过程中的其他费用,如通告费用、调查债权费用、咨询和诉讼费等。

(2)合伙企业的财产在支付完清算费用后,清偿也要按照顺序进行,即合伙企业职工工资、社会保险费用和法定补偿金;缴纳所欠税款;清偿债务。该清偿顺序的确定,体现了先债权、后物权的原则,体现了现行宪法所规定的"国家尊重和保障人权"的原则。这种清偿顺序是法定的,任何人不得违反,否则,清偿无效。比如《中华人民共和国劳动法》规定的解除劳动合同的补偿金、《违反和解除劳动合同的经济补偿办法》规定的经济补偿金。

(3)合伙企业财产依法清偿后仍有剩余时,对此剩余财产,依照《中华人民共和国合伙企业法》第三十三条的规定进行分配。

合伙企业破产的债权清偿有以下法律规定：

（1）合伙企业对其债务，应先以其全部财产进行清偿，同理，合伙人的个人债务，也应先以合伙人的个人财产进行清偿；

（2）合伙企业不能清偿到期债务的，合伙人承担无限连带责任；

（3）合伙人由于承担无限连带责任，清偿数额超过其亏损分担比例的，有权向其他合伙人追偿；

（4）合伙人发生与合伙企业无关的债务，相关债权人不得以其债权抵销其对合伙企业的债务，也不得代位行使合伙人在合伙企业中的权利；

（5）合伙人的自有财产不足以清偿其与合伙企业无关的债务的，该合伙人可以以其从合伙企业中分取的收益用于清偿，债权人也可以依法请求人民法院强制执行该合伙人在合伙企业中的财产份额用于清偿。

人民法院强制执行合伙人的财产份额时，应当通知全体合伙人，其他合伙人有优先购买权；其他合伙人未购买，又不同意将该财产份额转让给他人的，依照法律规定为该合伙人办理退伙结算，或者办理削减该合伙人相应财产份额的结算。

五、合伙企业破产后股东是否承担债务

企业中的股东等同于法人身份，无论是法人股东还是合伙企业股东，不论是合伙企业还是股份企业，在合伙企业破产后股东都需要承担债务。

对于企业破产清算时，合伙企业要如何承担债务呢？

合伙企业的法人股东，有出资义务，按实际出资部分或认缴出资比

例。认缴出资的，合伙企业要对出资比例承担有限责任，对认缴部分金额承担无限责任。按出资比例清偿企业债务，股东要怎么办呢？根据《中华人民共和国合伙企业法》的规定，合伙企业对其债务，应先以其全部财产进行清偿。普通合伙人由于承担无限连带责任，清偿数额超过《中华人民共和国合伙企业法》第三十三条规定的其亏损分担比例的，有权向其他合伙人追偿。合伙的债务，由合伙人按照出资比例或者协议的约定，以各自的财产承担清偿责任。

有限合伙人退伙后对合伙企业债务应当承担责任是受一定限制的，股东承担债务需要满足两个要件：一是合伙企业债务是基于有限合伙人退伙前的原因发生，二是有限合伙人从合伙企业中取回财产。

合伙企业债务基于有限合伙人退伙前的原因发生，有两层含义：一是退伙的有限合伙人对于债务的发生是否应当负有一定的过错和责任，有了这个前提，才存在该有限合伙人是否需要对合伙企业债务承担责任；二是不考虑该退伙的有限合伙人是否有过错，只考虑债务发生时间与该有限合伙人退伙时间早晚的问题。

有限合伙人从合伙企业取回财产，《中华人民共和国合伙企业法》作出了明确规定，其中第五十一条规定："合伙人退伙时，其他合伙人应当与该退伙人按照退伙时的合伙企业财产状况进行结算，退还退伙人的财产份额。退伙人对给合伙企业造成的损失负有赔偿责任的，相应扣减其应当赔偿的数额。"第五十二条规定："退伙人在合伙企业中财产份额的退还办法，由合伙企业约定或者由全体合伙人决定，可以退回货币，也可以退还实物。"这里的"从合伙企业取回财产"指的应当就是，退伙人退伙时办理了结算手续，从合伙企业取得了退回的货币或退还的实物。

如果企业股东未按期足额缴纳出资的情形下，合伙企业股东的企业债务怎么承担呢？

根据《中华人民共和国合伙企业法》第六十五条："有限合伙人应当按照合伙协议的约定按期足额缴纳出资；未按期足额缴纳的，应当承担补缴义务，并对其他合伙人承担违约责任。"有限合伙人通常主张其出资期限尚未届满，有权享受法定出资期限利益，无须就未出资部分对合伙企业债务承担责任；合伙企业的债权人通常主张该有限合伙人的出资期限已到期，该有限合伙人应在未出资的范围内承担还款责任。

针对未出资情况，可以衍生出两个问题：一是延长认缴期限的可行性问题，二是加速到期制度的可适用性问题。有限合伙人的出资期限并无法定最晚时间要求，合伙人可以在合伙协议中约定、变更出资期限。因此，有限合伙人在入伙时可以约定较长的认缴期限。如原来约定的认缴期限较短，有限合伙人可以考虑延长认缴期限。为了追加某些享有较长出资期限的有限合伙人为被执行人，有些合伙企业债权人主张，加速到期制度应当适用于合伙企业领域，从而有限合伙人的出资期限提前届满，该有限合伙人应在未出资范围内担责。

第十一章
上市企业的破产重整

一、上市企业破产为何更适合"重整"

传统的企业破产往往倾向于保护债权人，破产程序往往会强制清算债务人的财产得以向债权人清偿。随着社会发展和进步，破产倾向于对债权人、债务人的双重保护，尤其破产中的"重整""和解"制度，更是为了保护债务人，拯救破产企业而形成的法律制度。

上市企业也是会倒闭的，只是可能性较小，相较于对上市企业进行破产清算，重整能够对上市企业的资源加以最大化利用，如果上市企业直接进行破产清算，破产后上市企业注销、退市，上市的资格消灭，企业不但丧失了未来收益的可能，同时也无法实现增值。同时破产清算能够直接使上市企业大量的无形资产损失。

上市企业如果破产，先要进行破产清算。清算的资产一般要先支付清算费用、国家税收、员工工资等，然后才考虑股东的利益。即便到了破产之时，仍然可以进行破产重整。实现清偿债权和企业增值的双赢，旨在做到资源的最优配置。

上市企业由于具有公众性，涉及多方利益主体，包括大量股东、债权人、出资人、职工、监管企业的证券监管机构、证券交易所、政府部门等。对于上市企业的破产进行重整能够平衡各方主体之间的利益，促进和引导实现社会整体目标与个体利益目标之间的统一，保证社会经济持续、稳定地发展。

上市企业具备重整价值，因为它的无形资产和利益，如上市带来的

"壳价值"，上市企业的商业信誉、供货渠道、消费客户、知识产权、公共关系、技术秘密等无形资产，这些无形资产虽然无法出现在企业的资产负债表中，却对上市企业的生存起关键性作用。当上市企业的这些无形价值高于直接清算获得的利益，上市企业就具有重整价值。

上市企业相较于没有上市的企业具有很强的公众性，面向公众在证券交易所公开发行股票并进行交易，大量投资者也属于上市企业的股东，上市企业的经营状态对于投资者有较大影响。

上市企业必须接受证券监管部门的监管、遵守上市规则，持续满足上市条件，否则将可能面临退市的风险，在重整程序中，上市企业以重整计划为核心，围绕重整计划的制订、表决、批准与执行开展的，上市企业的重整计划中包含了对债权债务的调整方式、对上市企业的拯救方案、对重整计划的执行等，是集多方利益主体的权益调整，也是多方利益博弈的结果。

二、上市公司破产重整的申请与受理

上市企业破产不但影响股东、债权人，还会影响众多的社会投资者、影响证券交易市场停复牌的变动、证券监管部门的监管等，尤其上市企业职工众多、资金链庞大，其重整对社会稳定会产生一定的影响。

上市企业的破产重整申请可以分为申请人直接申请和申请破产后转为重整程序两种。法院根据申请人提交的申请审查其是否具备重整原因、条件以及进行重整的可行性等内容。所以，申请时提交的材料越充分，法院越能准确地裁定是否受理针对上市企业的重整申请。

上市企业的破产申请依照《企业破产法》第八条对企业申请破产重整

所需提交的材料做了基本规定，破产申请书应当载明的内容包括：

（1）申请人、被申请人的基本情况；

（2）申请目的；

（3）申请的事实和理由；

（4）人民法院认为应当载明的其他事项。

以上是法律所要求提交的基本材料。

如果重整是债务人提出申请的，除以上四项材料之外，还要求债务人向人民法院提交的材料包括：

（1）财产状况说明；

（2）债务清册；

（3）债权清册；

（4）有关财务会计报告；

（5）职工安置预案以及职工工资的支付和社会保险费用的缴纳情况。

上市企业除了提交以上的资料外，还要按照最高人民法院印发的《关于审理上市公司破产重整案件工作座谈会纪要》专门针对上市公司的重整要求增加所需提交的申请材料，包括：

（1）上市公司具有重整可行性的报告；

（2）上市公司住所地省级人民政府向证券监督管理部门的通报情况材料；

（3）证券监督管理部门的意见；

（4）上市公司住所地人民政府出具的维稳预案等。

如果是债务人即上市公司自行申请破产重整的，还应当提交切实可行的职工安置方案。[1]

---

[1]《北京破产法庭破产重整案件办理规范（试行）》第9条。

上市公司申请破产重整必须按规定具备重整原因,《企业破产法》第二条规定了公司的破产原因,包括:一是企业法人不能清偿到期债务,并且资产不足以清偿全部债务;二是企业法人不能清偿到期债务,并且明显缺乏清偿能力;三是企业法人有明显丧失清偿能力的可能。

法院首先在综合判定所提供材料的基础上研判上市公司的重整价值大于清算价值,其次综合考虑上市公司的经营状况、资质价值、品牌价值、产业政策、行业地位、行业前景、社会公共价值等因素,最后决定是否批准上市企业进行破产重整。

三、上市公司破产重整的申请主体

上市公司的破产重整申请主体包括债权人、债务人以及持有法定出资额的出资人、国家金融监督管理机构。

重整的申请以债务人、债权人申请为原则,但特别情况下也可由出资人以及金融监管机构有条件申请。

债权人是最普遍出现在上市公司破产重整申请的主体,一般上市公司的破产重整申请主体债权人申请占50%以上。

债务人本身最清楚企业经营情况、资产负债情况,是最便于向人民法院提供上市公司经营状况证据的主体,债务人是四种主体中申请范围最为广泛的主体,法律对债务人的申请范围未过多加以限制,债务人既可以向人民法院申请重整,也可以向人民法院申请和解或者申请破产。

出资人在人民法院受理破产申请后,宣告债务人破产前,债务人或者出资额占债务人注册资本10%以上的出资人,可以向人民法院申请重整。

出资人申请遵循的要求：程序上，需企业先被申请破产清算，再申请从清算转重整，对于直接申请的重整，出资人不具备申请的权利；时间上，出资人的申请需在法院受理破产申请后、宣告债务人破产前；条件上，对出资人的要求是占债务人注册资本 10% 以上的出资人，以注册资本的持有额度对出资人的申请提出限制。

国家金融监督管理机构申请重整，根据《企业破产法》第一百三十四条之规定，当商业银行、证券公司、保险公司等金融机构具备破产原因时，国务院金融监督管理机构可以向人民法院申请对该金融机构进行重整或者破产清算。该条是针对特殊性质的企业的特殊规定。

人民法院在受理重整申请前，会在法定期限内对上市公司或债权人、出资人提出的重整申请予以审查，包括是否符合破产原因、是否具备重整价值、重整申请是否符合法律规定等。如果经审查符合规定，人民法院应当裁定受理，重整程序开始。

人民法院裁定受理重整申请之日起 25 日内须通知已知债权人并发布公告，公告中应载明的内容包括：

（1）上市公司重整申请人、被申请人的名称或者姓名；

（2）人民法院受理破产申请的时间；

（3）申报债权的期限、地点和注意事项；

（4）管理人的名称或者姓名及其处理事务的地址；

（5）债务人的债务人或者财产持有人应当向管理人清偿债务或者交付财产的要求；

（6）第一次债权人会议召开的时间和地点；

（7）人民法院认为应当通知和公告的其他事项。

法院通过公告披露上市公司重整的信息，向众多投资者披露上市公司的重整经营状况。

重整程序具有特殊性，因此在重整受理后具备一定的法律后果，暂停担保权的行使、及时中止诉讼、仲裁等保障用于上市公司重整的财产，为此也有人将重整期间称为"冻结期间"；另外，考虑到上市企业要继续营业，企业由管理人接管后也不断吸引投资者；上市公司的重整还涉及证监会、证券交易所的监管，股票的停复牌、信息披露、投资风险也在其列。

四、上市企业破产重整的管理人指定和职责

根据《企业破产法》的规定，管理人由人民法院指定，并且是在人民法院裁定受理破产申请同时指定管理人，人民法院受理破产申请后，债务人或财产持有人应当向管理人清偿债务或者交付财产。

我国上市公司破产重整的管理模式可以分为管理人管理和债务人自行管理两种。

《企业破产法》第二十四条规定，管理人可以由有关部门、机构的人员组成的清算组或者依法设立的律师事务所、会计师事务所、破产清算事务所等社会中介机构担任。在一些情况下，法院根据债务人的实际情况，在征询有关社会中介机构的意见后，也可以指定该机构具备相关专业知识并取得执业资格的人员担任管理人。

在上市公司的破产重整程序中，管理人必须能够妥善处理多方主体之间的利益关系，要求其具有独立性，以破产重整上市公司及各方关系主体利益的最大化为目的。上市公司破产重整管理人的指定和非上市公司的管理指定方式相同，有直接指定方式、随机方式、竞争的方式、推荐的方

式。管理人的职责除了和非上市企业破产重整中的相同之外，还包括但不限于以下六种：

1. 接管债务人的财产资料并调查债务人的财产状况

为防止债务人逃避债务，管理人接管上市公司的各种财产资料外，还需要详细调查债务人资产及经营状况，包括营业状况、资产状况、债权债务情况、债务人职工安置情况等。

2. 负责重整上市公司的经营管理

与清算不同，重整意味着企业要继续经营以获取利润。管理人的职责包括决定未履行完毕的合同是否解除或继续履行，决定是否对外融资或提供担保，决定是否或如何引进投资等。

3. 接受债权人申报债权并审查债权

上市公司不同于非上市公司，一般债权人众多，债权申报、登记、审查及债权表编制工作量大。管理人需要针对不同性质的债权分组处理，根据法律和上市公司实际情况分为职工债权组、税款债权组、有财产担保债权组、普通债权组等不同的债权组分类登记。

4. 处分债务人财产

一方面是经营过程中为经营管理的目的而处分财产；另一方面是为清偿上市公司债务而处分财产，比如包括诉讼仲裁判决而需支付的开支。同时对上市公司拥有取回权和抵销权的财产进行处分。

5. 负责与重整计划草案相关的制订、表决等事宜

管理人必须督促并参与重整计划的制订，在法定期限内向法院提交重整计划。重整计划制订好后，需召开债权人会议对重整计划草案进行表决，此时管理人负责组织召开债权人会议，同时列席债权人会议，就重整计划草案向债权人会议作出说明。

6.债务人有不当行为时管理人应当申请法院裁定终止重整程序

管理人不但参与经营管理,还要担任监督者的角色。

除了管理人的管理模式,还有一种是债务人自行管理模式下的管理人职责。

重整期间,债务人同时符合下列条件的,经申请,人民法院可以批准债务人在管理人的监督下自行管理财产和营业事务:

(1)债务人的内部治理机制仍正常运转;

(2)债务人自行管理有利于债务人继续经营;

(3)债务人不存在隐匿、转移财产的行为;

(4)债务人不存在其他严重损害债权人利益的行为。

在债务人自行管理模式下,根据《企业破产法》的规定,已接管债务人财产和营业事务的管理人应当向债务人移交财产和营业事务,原规定的管理人的职权由债务人行使,即上文所述原管理人管理下的职责转为由债务人行使。此时由法院指定的管理人主要履行的是监督职责。

五、上市企业重整计划的执行和终结

重整计划执行期间即指重整计划被人民法院批准生效之日起至人民法院宣告重整程序终结之日的一段期限。执行期间会有两种立法模式,分别是自由主义和限制性规定。自由主义指对于重整计划执行的时长,法律不做过多干预,主要由管理人、债务人、债权人在重整计划制订中进行协商。限制性规定是重整计划由债务人执行,但根据理性经济人相互制约的逻辑,对债务人的执行必须加以监督。

重整计划执行的监督人，由管理人监督重整计划的执行，但监督职责并不专属于管理人一人，人民法院和债权人会议在重整计划的执行中也起到实际上的监督作用。我国重整计划执行中，管理人是主要的监督主体，同时也需要接受人民法院和债权人会议的监督。

《企业破产法》中规定，在重整计划执行期间；管理人的职责主要规定是"管理人应当向人民法院提交监督报告"，其监督的职责包括：

（1）监督上市公司是否有转移、隐匿财产，与上市公司股东、部分债权人串通损害其他债权人利益等的违法行为；

（2）监督上市公司执行重整计划的程序、内容是否合法，是否遵循重整计划的执行原则；

（3）监督上市公司是否全面及时地执行重整计划；

（4）管理未决债权和待申报债权预留及提存债权清偿的款项；

（5）审查未决债权及补充申报的债权；

（6）在上市公司拒不执行或者不能执行重整计划时，请求人民法院裁定终止重整计划的执行，并宣告上市公司破产；

（7）根据重整计划执行的需要，申请人民法院延长重整计划执行监督期限；

（8）监督期满后向法院提交监督报告。

上市公司重整计划的终结，以人民法院裁定形式的确认结束，上市公司向证券部门的监管具有效力和可信力，由人民法院对重整计划执行完毕作出裁定。

人民法院贯穿上市公司重整程序全程，从效力来看，由人民法院裁定或确认后的重整程序的终结无论对上市公司、债权人、出资人，还是证券监管部门等都具有较强的法律效力。

不是所有的重整计划都能顺利宣告破产的终结，一个上市公司完整的重整程序需从重整的申请、受理到重整计划的制订、表决、批准和执行，在任何一个环节出问题，都可能导致重整程序失败而直接宣告破产。

有下列情形的一般导致重整计划无法顺利终结的，会宣告债务人破产：第一，债务人的经营状况和财产状况继续恶化，缺乏挽救的可能性；第二，债务人有欺诈、恶意减少债务人财产或者其他显著不利于债权人的行为；第三，由于债务人的行为致使管理人无法执行职务。

第十二章
国企和民企破产的实施

一、国企法人申请破产特殊性和相关条件

在多数人的认知里,国有企业是不会破产的。事实上,近年来国有企业破产清算案件数量也在逐年增加,越来越多的国有企业进入破产清算程序。

与私有企业相比,国有企业由于出资人身份特殊,在破产程序中除了要遵守《企业破产法》,还要受到其他法律法规的约束。一般国有企业的破产多属于"政策性破产"。政策性破产是指在实施国有企业破产中,以《国务院关于在若干城市试行国有企业破产有关问题的通知》(国发〔1994〕59号)和《国务院关于在若干城市试行国有企业兼并破产和职工再就业有关问题的补充通知》(国发〔1997〕10号)为依据,由政府主导、法院实施的有计划、有步骤的破产行为。

国有企业申请破产要满足以下条件:

(1)必须是全民所有制性质的企业。

(2)必须是工业性质全民所有制企业。

(3)必须纳入"全国企业兼并破产和职工再就业工作计划"并获国务院批准。

(4)企业因管理不善造成严重亏损出现不能清偿到期债务。

(5)企业整顿期间财产没有增值而是继续恶化,债权人结束整顿,或法院受理被立案件前六个月至破产宣告之日的期间内,破产企业隐匿、私分或无偿转让财产,非正式压价出售财产,对原来没有财产担保,对未到

期的债务提前清偿，放弃自己的债权的。

（6）整顿期满，不能按照和解协议清偿债务。

国有控股企业、国有实际控制企业包括：

（1）政府部门、机构、事业单位出资设立的国有独资企业（公司），以及这些单位和企业直接或间接合计持股为100%的国有全资企业；

（2）以上单位、企业单独或共同出资，合计拥有产（股）权比例超过50%，且其中之一为最大股东的企业；

（3）以上所列企业对外出资，拥有股权比例超过50%的各级子企业；

（4）政府部门、机构、事业单位、单一国有及国有控股企业直接或间接持股比例未超过50%，但为第一大股东，并且通过股东协议、公司章程、董事会决议或者其他协议安排能够对其实际支配的企业。

国有企业申请破产的依据是《企业破产法》第七条，国企申请主体包括债权人、债务人（破产国有企业自身）、依法负有清算责任的人，对于商业银行、证券公司、保险公司等国有金融机构的破产也可以由有关金融监管机构提出破产清算申请。国企申请破产的流程：

（1）当国有企业资不抵债又扭亏为盈无望时，债务人或者企业法人可以依法向人民法院申请破产清算，并要提交破产申请书以及有关的证据。

（2）人民法院应当自收到破产申请之日起5日内通知债务人。债务人对申请有异议的，应当自收到人民法院的通知之日起7日内向人民法院提出。人民法院应当自异议期满之日起10日内裁定是否受理。

（3）人民法院受理破产申请后，债务人的债务人或者财产持有人应当向管理人清偿债务或者交付财产。

（4）人民法院受理破产申请后，应当确定债权人申报债权的期限。债权申报期限自人民法院发布受理破产申请公告之日起计算，最短不得少于

30 日，最长不得超过 3 个月。

（5）管理人应当自破产程序终结之日起 10 日内，持人民法院终结破产程序的裁定，向破产人的原登记机关办理注销登记。

二、国企破产程序中，国有资产的处置

国有企业破产程序中，首先需要对国有资产进行评估。《中华人民共和国企业国有资产法》第四十七条规定："国有独资企业、国有独资公司和国有资本控股公司合并、分立、改制，转让重大财产，以非货币财产对外投资，清算或者有法律、行政法规以及企业章程规定应当进行资产评估的其他情形的，应当按照规定对有关资产进行评估。"

资产评估包括申请立项、资产清查、评定估算和验证确认四个阶段。

《国有资产评估管理办法施行细则》第六条规定："企业清算是指依据中华人民共和国企业破产法的规定，宣告企业破产，并进行清算；或依照国家有关规定对改组、合并、撤销法人资格的企业资产进行的清算；或企业按照合同、契约、协议规定终止经济活动的结业清算。根据上述规定，国有企业在申请破产清算时，破产清算应当进行资产评估。"

国有独资企业、国有独资公司和国有资本控股公司应当进行资产评估的情形包括：

（1）企业进行合并分立的资本重组，需要确定企业出资数额和出资比例，应当进行资产评估。

（2）企业改制，包括独资企业改为国有独资企业，国有独资企业、国有独资公司改为国有资本控股公司或非国有资本控股公司，国有资本控股

公司改为非国有资本控股公司三种情况。

（3）企业转让重大财产。对于潜在的买价或卖价，需要通过评估提供合理的价格基础，帮助确定所有权合并或重组后所有人所应占的份额，帮助依附于同一财产上的共有权人分割财产。

（4）以非货币财产对外投资、清算都需要对该财产价值进行评估量化，以确定其出资份额和分配额度。

（5）法律、行政法规以及企业章程规定应当进行的资产评估的情形。

评估完的国有资产，在进行重大资产处置时，应符合《企业国有资产交易监督管理办法》第四十八条的规定，企业一定金额以上的生产设备、房产、在建工程以及土地使用权、债权、知识产权等资产对外转让，应当按照企业内部管理制度履行相应决策程序后，在产权交易机构公开进行。涉及国家出资企业内部或特定行业的资产转让，确需在国有及国有控股、国有实际控制企业之间非公开转让的，由转让方逐级报国家出资企业审核批准。

在处置资产的时候需要进行公告，法律规定：

（1）转让资产价值高于100万元低于1000万元的项目，公告不少于10个工作日；

（2）转让底价高于1000万元的资产转让项目，公告不少于20个工作日。

三、国企破产以后如何安置职工

破产程序涉及许多不同利益的冲突，但最突出的是职工债权与担保债权之间的冲突。国有企业破产财产进行评估以后，下一步就是如何安置职工。为了维护清算程序中职工的合法利益，《企业破产法》第一百三十二条规定了一系列的对于职工的安置措施，具体为：破产企业所欠职工的工资和医疗、伤残补助、抚恤费用，所欠的应当划入职工个人账户的基本养老保险、基本医疗保险费用，以及法律、行政法规规定应当支付给职工的补偿金。

《企业破产法》第八条规定，债务人在申请破产时，需要提前制定出职工安置预案并报告工资和社保费用的缴纳情况。如果破产企业拒不提供职工安置预案、工资支付和社保费用缴纳的情况，法院可以对债务人的直接责任人进行罚款。职工债权不必申报，直接由管理人审查后列出债权清单并进行公示。根据《企业破产法》第五十九条的规定，召开债权人会议时，职工代表必须参会，并享有对有关事项发表意见的权利。《企业破产法》第六十七条规定，若债权人会议决定设立债权人委员会的，则其中必须包含一名职工代表。

国有企业破产，企业职工的安置是提前一个月通知员工并协商解除劳动合同，并给予相应的经济补偿金。企业破产丧失偿还债务的能力时，法院就会介入强制执行公司的全部财产，公平地清偿全体债权人。

在职工安置方面有以下规定：

（1）职工的工资和欠款需要在破产清算财产处置方面优先进行清偿，支付完职工的工资和欠款后再支付其他欠款。

（2）国有企业对于职工的安置，如果企业直接走破产清算程序，那么可以对职工进行工龄买断。如果是企业进行重整，一般需要优先安置原来的职工。

（3）国家对于国有企业破产后的职工安置有许多政策规定，需要根据企业的实际情况列一个破产重组的方案，这个方案不但要经上级相关部门的批准，也需要在破产之前的预案里列示。

根据国务院有关政策性破产的规定，国有企业进入政策性破产程序后，职工的生活费从破产清算费中支付。

安置破产企业职工的费用(包括一次性安置费)，首先从破产企业的土地使用权转让所得中拨付。

(4)土地使用权为抵押物的，其转让所得也首先用于安置职工。不足支付的部分，从处置无抵押财产、抵押财产所得中依次支付。仍不足时，按照企业隶属关系由同级人民政府负担。

(5)破产企业未参加离退休职工养老保险、医疗保险社会统筹，或者养老保险、医疗保险社会统筹基金不足支付的，其离退休职工的离退休费和医疗费也从破产财产中支付。

四、民营企业的破产重整

我国民营企业由于市场经济的竞争淘汰机制，大量的民营企业因不能适应竞争环境或其他一些原因被迫停业关闭。按《破产企业法》规定，当企业法人资不抵债，无法继续经营时，应及时进行清算或申请破产以退出市场。然而，现实情况是，当民营企业经营不善，陷入破产状态时，无论是债权人还是债务人都不愿意申请破产，有的债务人会选择逃避债务，债权人会选择起诉而不是申请破产。所以，完善民营企业的破产程序和退出机制，对经济发展和相关利害关系人解决纠纷都具有重要的意义。

民营企业的退出有两类：一类是主动退出，指民营企业因分离、合并或者出现公司章程规定的解散事由需要解散而退出市场；二是被动退出，是指由于法定事由的出现被法院依法宣告其破产，民营企业由此退出市场。

民营企业的退出，破产清算也是不可缺少的一环。民营企业破产重整制度是积极挽救陷入困境企业的一种法律程序。但在裁定破产重整中，需要判断企业破产重整的价值是否能够满足债权人、债务人、投资人等相关利益者权益，破产重整的目的是实现拯救债务人、保护债权人、关注社会利益、实现效率价值等。通过判断破产重整价值，可以有效清理市场中存在的债务，可以更好地维护相关者利益，有助于我国经济结构的调整以及社会资源的合理分配，从而促进市场经济的法治化、科学化，支持市场经济的发展。在破产程序正式启动前，重整价值判断的主要作用是为人民法院确定债务人是否已经达到破产界限，是否应当启动破产重整程序提供裁决依据。

民营企业破产重整价值判断，会受到包括政治、经济、法律等多种因素的影响。债务人企业是否具有重整价值，应结合国家产业政策、行业前景、企业发展前景等情况，从债务人重整的社会价值、经济效益等方面进行判断。

法院对于民营企业破产重整价值的判断一般有以下的内容：

（1）重整计划的内容是否完备、合法，是否包括《企业破产法》第八十一条规定的七项内容，是否存在违反法律禁止性规定的内容；

（2）重整计划的分组表决和各类债权的清偿方案是否合法、公平，是否依法分组进行表决，同组债权人或股东是否获得了平等、公正的对待；

（3）重整计划草案的说明和对债权人作出的解答是否真实、充分，是否履行了充分的信息披露义务；

（4）债权人会议召开程序有无瑕疵，会议召开前的准备、召开的程序、参加的主体、界定债权人组别的依据、表决的程序及表决结果是否符合法定标准；

（5）提交批准的重整计划文本与提请债权人会议审议表决的文本相比有无实质性变更，债权人提出的异议是否有法律依据，其主张是否能够得到支持等。①

进入重整程序后，人民法院须确定由管理人管理还是债务人自行管理的企业治理模式。无论选择哪一种模式，人民法院都得保持对债务人的监督。对一些重大决策，管理人一般会报告人民法院，但人民法院须主动掌握情况，必要时加以干预。

人民法院在民营企业破产重整中扮演着协调内外关系、推动重整程序的角色。对内，人民法院应积极组织并参加债权人、债务人职工、债务人股东等协调会，全面了解债务人企业的情况，为重整价值判断奠定基础；对外，人民法院应与证监、市场监管、环保等行政部门保持紧密联系，将立案、重整计划草案审查过程中可能存在的问题发现在先并解决在先，确保重整程序的高效运行和重整的最终成功。

人民法院作为整个重整程序的指挥人和重整价值判断的裁决者，应发挥好以下两个方面的作用：一是认真履行职责，依法裁定是否重整立案，对制订重整计划草案等进行部署，快速、平稳地推进重整程序；二是积极参与债权人、出资人、职工等协调会，促成重整计划草案的最终通过。

---

① 郑鄂.破解法院科学发展难题的新探索［M］.北京：法律出版社，2011.

五、民营企业破产的职工债权处理

职工债权又称劳动债权，是企业职工基于劳动关系而对企业所合法享有的、以工资为基本形态、用以维持其生存和生活的各种请求权的总和。根据《企业破产法》第一百一十三条之规定，职工债权包括"破产人所欠职工的工资和医疗、伤残补助、抚恤费用，所欠的应当划入职工个人账户的基本养老保险、基本医疗保险费用，以及法律、行政法规规定应当支付给职工的补偿金"。工资既包括破产宣告前企业欠缴的部分，也包括破产宣告后职工仍然从事工作应当领取的报酬；医疗、伤残补助和抚恤金是应由企业负担的职工医疗、伤残补助金和抚恤金；所欠的应当划入职工个人账户的基本养老保险、基本医疗保险费用是应当由企业缴纳的划入职工个人账户的养老保险、医疗保险费用；法律、行政法规规定应当支付给职工的补偿金又称职工安置费，是劳资关系变动时企业应当支付的补偿费用。[①]

职工债权的特点既有不能让与、不能代位的复杂性，也具有弱势性，企业与职工存在隶属关系和信息不对称，两者承受的风险也不同，职工往往处于弱势。另外，职工债权还具有优先性，职工债权关乎职工的生活和生存，破产程序对职工债权的优先保护，体现了国家对弱势群体利益的保护。

在破产程序启动阶段，如果是债务人向法院提出的破产申请，应同时

[①]《中华人民共和国企业破产法》第一百一十三条。

提交职工安置方案、工资支付和社会保险费用缴纳的情况。如果是债权人提出申请,债务人也应提交职工工资支付和社会保险费用缴纳情况。

在债权申报阶段,为避免单独申报的烦琐,法律规定职工债权无须申报,由管理人调查后列出清单予以公示即可。职工有异议的,可以要求管理人予以更正;管理人不予更正的,职工可向人民法院提起诉讼。

在企业破产重整过程中,职工债权具有表决权、异议权及其他合法权益。破产财产的处置方面,优先清偿破产企业所欠职工的工资、补偿金等费用,从而赋予了职工债权优先清偿的地位。

在对待职工债权方面,需要当地政府、法院及管理人、企业等多方联动,充分发挥各方积极性与协调性,多元运用政策、法律、制度等因素缓解企业破产下的劳资纠纷,保障职工的合法权益。

六、民企破产重整中的债转股

债转股也可以称为债权入股,举个简单的例子。某公司在经营困难的时候向 A 借了 1000 万元现金,约定的年化利率是 10%,多年下来连本带息公司欠了 1500 万元,但是该公司遇到了资金困境无力偿还。于是该公司想了一个办法,让 A 入股公司,拿着 1500 万元债权转换成股权,成为公司的股东。公司每年分红给 A,由于债权人 A 觉得该公司未来有一定的发展前景,当下要求还债也无法实现,于是 A 就同意了债转股。如果该公司的投后估值是 1.5 亿元,1500 万元的债权转换成股权就是 10% 的股权。

债转股在破产企业重整中得到了广泛的应用,债转股作为帮助企业脱困的金融工具之一,通过将债权人原先对企业的债权转为股权,不仅能够缩减企业的债务，也可以使债权人获得高于直接清算所获得的清偿。

债转股的操作对企业来说有利有弊，从有利的一面来说：第一，企业不需要再还本付息，债务负担便随之减轻了，企业能够轻装上阵走上重组、注资、引入投资者和股改上市的路，能够帮助企业走出行业周期低迷的困境，减轻债务包袱，促使其进行产业升级。第二，在实行债转股后，债权人与债务人之间的债权关系转变成了股权关系，解决了债权人与目标企业的信息不对称问题，能够参与企业经营，对内提升管理经营水平，对外加强资源整合，以此保障自身的权益。第三，债转股所带来的社会影响相对较小，能够兼顾企业、财政和债权人多方利益，能够得到各方的支持，避免企业因负债沉重出现倒闭。

从不利的一面来说，债转股虽然能短期缓解资金短缺问题，但属于新的举债，在经营不善的情况下，即使债转了股，依然会面临再次进入破产程序。转股债权人会成为破产企业的股东，在清偿顺序上会劣后于其他债权受偿。如果企业经营管理不善，无法按时归还金融机构贷款，通过债转股可减免一定的债务，而经营良好的企业则能按时还本付息，这种奖懒罚勤的做法，会给市场带来负面影响，好企业也会效仿去拖欠。

因此，要想切实做好企业的债转股，需要加强银行、政府、法院的联动效应。最高人民法院印发《全国法院破产审判工作会议纪要》第十六条规定："人民法院要与政府建立沟通协调机制，帮助管理人或债务人解决重整计划草案制订中的困难和问题。"第二十一条规定："企业重整后，投资主体、股权结构、公司治理模式、经营方式等与原企业相比，往往发生了根本变化，人民法院要通过加强与政府的沟通协调，帮助重整企业修复信用记录，依法获取税收优惠，以利于重整企业恢复正常生产经营。"

我国《企业破产法》对估值方法没有直接作出规定，在实践中通常由法院指定或管理人委托第三方中介机构对清算程序中普通债权清偿比例进行评估清算,作为确定普通债权最低清偿比例的法律依据。

债转股的一般流程是,资产管理公司先帮企业还钱给银行,再把企业债转换成股票,直接成为企业的股东,并监督企业成长。等企业的经营状况好转后,资产管理公司可以通过上市,转让或企业回购股票等形式,回收这笔资金。而企业在资产管理公司的监督下,转亏为盈的可能性大大增加。

债转股的流程和要求如下:

(1)检查确认债权的合法性。

(2)召开股东大会,对债权转为企业股权进行表决。

(3)评估作价,债权作为非货币资产,按照《中华人民共和国公司法》的要求需要聘请第三方的机构评估作价。

(4)债权人与企业签订债权转股权协议,明确双方的责、权、利。

(5)修改企业的章程中的出资方式,登记为债权。

综上所述,民营企业破产程序中的债转股流程比较复杂,债转股主要涉及债权人权益调整等问题,因此,认真研究如何在市场化债转股实施过程中更好地保障债权人权益,具有重要的法律和现实意义。

七、民营企业破产重整价值和债权人保护

破产清算程序是重整制度的根源与基础,重整制度是在清算制度的基础上发展而来的,共同组成了现行破产制度。破产清算以处置破产资产、公平清偿债权人为目的,破产重整则是以拯救企业脱离困境为目的。

从破产清算和破产重整的价值来看，破产重整更受企业的欢迎。因为原本会被清算退出市场的企业由于重整制度而有机会在一定程度上得到保留。无论对于国家财政还是社会稳定方面，都具有积极的价值和正面的影响。重整程序的启动，可以使濒临倒闭的企业进行产业升级，通过招商引资，缓解经济风险，因此，无论是企业还是政府，往往对重整制度有更高的期待。破产重整不像破产清算那样消灭债务人主体资格进而分配债务人的财产，而是通过有效的资源配置手段，力图保留企业的运营价值与社会资源，并最终使债权人等各方利害关系人得到比破产清算更多的清偿利益。

当然，一个企业是否能够具有重生可能和挽救机会，启动重整的门槛也不低。从经济成本来看，破产重整更有效率，因为重整是将企业富有经验的劳动者和管理者、企业供应链条、商誉等成本得以保存。但仅有成本还不够，还需要综合考虑企业的运营价值。

运营价值是指一个企业存续具有盈利能力的前景，清算价值是企业资产被处置时的出售价值。一般而言，选择重整程序就是认为企业经重整后盈利得到的价值高于清算价值，也就是运营价值必然高于清算价值，因此，只有在一个企业存在运营价值比较优势的情况下，企业才应当被重整。

破产重整的价值虽是对于破产企业最大程度的挽救，但对于债权人的权益保护依然是重中之重。主要有以下三个理由：

（1）从利益受损与风险承担的角度来看，债权人比债务人受到的损害更大，破产制度建立在以大部分普通债权人利益为代价的基础上。所以，债权人的权益应该受到保护，应当得到法律的有效保障。

（2）从法律利益衡量的角度来看，法律对特定利益群体的维护应当有利于实现制度利益，破产法是调整债权债务关系的基本法律，在这一特殊的债权债务关系阶段，协调债权人和债务人之间的利益关系，债权人同意各项方案的通过是保障破产审判顺利的基础。

（3）从选择其他利益产生不利结果的角度看，在多种利益之间，债权人与债务人之间是存在利益冲突的，当企业进入清算或重整状态时，企业资产理论上已为债权人所拥有，其他各方利益主体如果得到最大保护有损于风险与责任承担持平原则，不利于公平正义。

（4）从社会利益的角度看，在债权人无法有效地维护自己的权利时，信用制度和市场经济就将受到严重损害。因此，债权人利益在破产法保护中应成为首位的群体利益。

当然，任何利益的保障需要有边界意识，债权人不能为了过分追求自己利益的最大化而不在乎企业的生死存亡，可以尽最大可能实现社会经济效益、劳工就业目标以及企业资产不要浪费的平衡。法律需要保障债权人在破产中的基本责任以及行为的规范。如果在债权人会议中无法表决通过的，法院需要主动进行调解使债权人和债务人加强沟通，使所有债权人尽可能地参与洽商并能自由民主地表达意志。

参考资料

[1] 中华人民共和国企业破产法［M］.北京：中国民主法制出版社，2006.

[2] 中华人民共和国企业破产法［M］.中国人大网，2023-04-10.

[3] 贺小电.破产法原理与适用［M］.北京：人民法院出版社，2012.

[4] 余俊福.中国破产管理人实务［M］.北京：法律出版社，2015.

[5] 姚彬.孟伟.破产程序中管理人制度实证研究［M］.北京：中国法制出版社，2013.

[6] 叶军.破产管理人制度理论和实务研究［M］.北京：中国商务出版社，2005.

[7] 范健.王建文.破产法［M］.北京：法律出版社，2009.

[8] 王东敏.新破产法疑难解读与实务操作［M］.北京：法律出版社，2007.

[9] 汤维建.新企业破产法解读与适用［M］.北京：中国法制出版社，2006.

[10] 韩长印.破产法学［M］.北京：中国政法大学出版社，2007.

[11] 王欣新.破产法［M］.2版.北京：中国人民大学出版社，2007.

[12] 许德风.破产法论：解释与功能比较的视角［M］.北京：北京大学出版社，2015.

[13] 李永军.破产法：理论与规范研究［M］.北京：中国政法大学出

版社，2013.

[14]徐根才.破产法实践指南［M］.北京：法律出版社，2016.

[15]美国破产法协会.破产重整制度改革调研报告「M］.韩长印，何欢，译.北京：中国政法大学出版社，2015.

[16]申林平.上市公司并购重组解决之道［M］.北京：法律出版社，2016.

[17]刘延岭，赵坤成.上市公司重整案例解析［M］.北京：法律出版社，2017.

[18]贺丹.上市公司重整：实证分析与理论研究［M］.北京：北京师范大学出版社，2012.

[19]齐明.论破产重整中的公司治理：美国经验及其借鉴「J］.当代法学，2009年第2期.

[20]韩长印.债权人会议制度的若干问题「J］.法律科学，2004（4）.